जीवन एक चुनौती

(कहानी-संग्रह)

जीवन एक चुनौती

(कहानी-संग्रह)

डॉ. सुरेश मारुतिराव मुळे

स्वराज प्रकाशन
नई दिल्ली

स्वराज प्रकाशन
4648/1, 21, अंसारी रोड, दरियागंज, नई दिल्ली–110002
दूरभाष : 011-23289915
Email : swaraj_prakashan@yahoo.co.in

मूल्य : ₹ 200
प्रथम संस्करण : 2014
ISBN : 978-93-83513-30-7

अजय मिश्रा द्वारा स्वराज प्रकाशन, 4648/1, 21, अंसारी रोड, दरियागंज, नई दिल्ली–110002 से प्रकाशित तथा ओम ऑफसेट, जगतपुरी शाहदरा, दिल्ली-110032 में मुद्रित

समर्पण

समस्त गरीब वंचितों को
जो भूख और अभाव का कष्ट सहते हुए
शोषित पीढ़ित जीवन जीते रहे और
जिनके नौनिहाल
प्रगति के मार्ग पर आगे बढ़ने से
प्रयत्नपूर्वक रोके गये।
उन सभी को
शोषण मुक्ति के लिए
सफलता प्राप्ति के
संदेश के साथ....

अनुक्रम

भूमिका

डॉ. सुरेश मुळे अत्यन्त भावुक, संवेदनशील एवं मानवीय गुणों से परिपूर्ण एक व्यक्तित्व हैं। उनके कार्य भी इन्हीं भावनाओं के संवाहक हैं। वे सभी के लिए सहयोगी है। अपने जीवन में मिलने वाले खट्टे-मीठे व्यवहार के प्रति वे सहनशील हैं। उनकी यही भावनाएँ और व्यवहार उनके कहानी के पात्रों के व्यक्तित्व और कृतित्व में दिखाई देते हैं।

डॉ. सुरेश मुळे का कहानी संग्रह 'जीवन एक चुनौती' की सभी कहानियाँ हृदयस्पर्शी, मार्मिक और मानवतावादी भावनाओं से परिपूर्ण हैं। आज के समय में इन्सानों के बीच इन्सानियत बिरली ही नजर आती है - इसे स्थापित करती इन सभी कहानियों का अपना महत्व है। छल-कपट से भरे व्यवहार से पूर्ण इस संसार में संवेदनशील हृदय कितना पीड़ित होता है - उस पीड़ा का दर्शन इन कहानियों में मिलता है।

'ऐसी क्यों बनी मुन्नी' कहानी की पीड़ा किसी एक मुन्नी की नहीं, बल्कि वेश्यावृत्ति की समस्या की पृष्ठभूमि में छिपी, प्रत्येक उस नारी की पीड़ा है, जो अपने सुखद सुन्दर संसार से, लोभी स्वार्थी लोगों के कारण दूर करके- ऐसा जीवन जीने के लिए मजबूर कर दी गई हैं।

शिक्षा के लिए संघर्ष, और स्वाभिमान के लिए लड़ाई की मिशाल अनेक कहानियाँ हैं। 'जीए तो जीए कैसे', 'मेरा अस्तित्व' नारी संघर्ष की कथा कहती हैं। 'मन परिवर्तन' कहानी में अनमेल विवाह की समस्या है, तो साथ ही जातिभेद की समस्या को भी यह कहानी उजागर करती है। 'कौन हमारा है' कहानी वर्तमान समय के व्यावहारिक जीवन के कटु यथार्थ को बताती है, साथ ही एक गरीब कुली के मानवतावादी व्यवहार से यह भी सिद्ध किया गया है, कि दुनिया में मानवता भी है। इसी तरह 'कहाँ दफनाया जाये' कहानी में हिन्दू धर्म के जातिभेद के अमानवीय व्यवहार को बताने के साथ समाजसेवक वीरसंगय्या के मानवीय व्यवहार को अंकित

किया है। यहाँ साम्प्रदायिक भेदभाव के विरुद्ध मुस्लिम और दलित एकता को बताया है।

'हाँ, कुत्ते की दुम' कहानी पशु प्रेम को बताती है, साथ ही इन्सानों के स्वार्थ और अन्धविश्वास के साथ विश्वासघात का चित्र भी उपस्थित करती है। 'माँ मुझे भी स्कूल जाना है' कहानी में सब्जी बेचने वाली गरीब माँ की, अपनी बेटी को उच्च शिक्षा दिलाने की अभिलाषा है, वहीं एक गरीब लड़की का, मेहनत करके उच्च अधिकारी बनने का प्रयास और सफलता की भी बात है। यह कहानी समाज के लिए प्रेरणा स्तम्भ है। प्रत्येक माता पिता अपने बच्चों को पढ़ायें, तो बच्चे भी ऐसी सफलता की ऊंचाईयों को पा सकते हैं। वे शिक्षा संस्थाएँ भी अभिनन्दनीय हैं, जो समाज के हित के लिए महत्वपूर्ण काम करती हैं।

'कहाँ गया तुम्हारा स्वाभिमान' कहानी भी दलित नारी के शोषण को व्यक्त करते हुए, दलित जागृति का संदेश देती है। 'दूसरी शादी', कहानी मनुष्य के जीवन में स्त्री का महत्व बताती है। 'रोटी की तलाश' कहानी में भूख और अभाव से पीड़ित गरीब दलितों के जीवन की व्यथा है। साथ ही नारी की सबलता और जागृति का संदेश भी है।

'जीवन एक चुनौती' कहानी के नाम पर कहानी संग्रह का शीर्षक नाम दिया गया है। यह कहानी मानवीय संवेदना को जगाने वाली महत्वपूर्ण कहानी है। एक गरीब अभावगस्त बालक 'सावन' के माध्यम से बाल मनोविज्ञान को बताया गया है। साथ ही एक श्रीमन्त व्यक्ति का, घी का डोसा खिलाने के लालच द्वारा, बच्चों को खेलकूद और पढ़ाई में प्रोत्साहन देने की बात भी समाज के लिए संदेश दायक है। कष्ट सहकर भी डोसा प्राप्त करने की सावन की कहानी बहुत ही मार्मिक और ह्रदयस्पर्शी है।'

नया ड्रेस' कहानी गुरूदास नाम के बालक के अभावग्रस्त जीवन को चित्रित करती है, वहीं 'शादी की दावत' कहानी गरीब दलित बालक भीमराव की भूख और अभावों की कथा को बताते हुए, समाज को यह सोचने की प्रेरणा देती है कि - इस वर्ग के लोगों के हिस्से में इतने कष्ट अभाव और दुख क्यों हैं। 'माँ बनने का सुख' कहानी भी नारी मन की वेदना को व्यक्त करती है। 'फलवाली' कहानी में बालिका रेणुका के जीवन की व्यथा कथा है। बीमार माँ की कथा के साथ, पिता की मृत्यु की व्यथा-बालिका को बचपन से ही, कठोर श्रम के साथ जिम्मेदारी निभाना सिखा देती हैं, वहीं दुराचारी लोगों को भी वह मुँहतोड़ जबाब देती है।

'यही मेरी माँ है' कहानी बहुत ही भावनापूर्ण है, यह ऋणमुक्ति का संदेश देने वाली कहानी है। सनातनधर्मी बालक को दलित महिला अपना दूध पिलाकर

जीवनदान देती है ! वही बालक उच्च शिक्षा पाकर, उच्च अधिकारी बनकर, समारोह में सबके सामने उस दलित स्त्री को अपनी माँ कहकर सम्मानित करता है। इस कहानी में दलितों के मानवतावादी विचार चित्रित है, वहीं ऐसे सनातन धर्मी सवर्णो को भी यह संदेश है कि जातिधर्म से ऊपर इन्सान है, मानवता है। 'गुरू देवो भवः' कहानी दलित नारी सीमा की सफलता और सबलता को चित्रित करती है। सीमा दुष्ट सवर्ण शिक्षक को सजा देती है। 'जय पाण्डुरंग उठ्ठल्लू' कहानी भी हिन्दू समाज के बीच व्याप्त जातिभेद और सवर्णो के दुष्ट व्यवहार को बताती है। 'मामा की साईकिल' कहानी में गरीब, अभावग्रस्त बालक के मनोभाव का चित्रण है। इस तरह सभी कहानियाँ उद्देश्यमूलक हैं।

डॉ. सुरेश मुळे की सभी कहानियों के कथानक भावना और संवेदना से पूर्ण मानवता का संदेश देने वाले हैं। कहानियों के सभी पात्रों के चरित्र भी उत्तम, प्रेरणादायक, और समाज के लिए अनुकरणीय हैं। सभी कहानियों का उद्देश्य समाज की बुराईयों को मिटाकर, अच्छे समाज का निर्माण करना है, जाति भेद और स्त्री पुरुष भेद को मिटाकर समता मूलक समाज की स्थापना करना है।

'जीवन एक चुनौती' जैसे उद्देश्यपूर्ण और सफल कहानी संग्रह के लिए मैं डॉ. सुरेश जी का अभिनंदन करती हूँ, साथ ही आशा करती हूँ कि वे ऐसी अनेक कृतियाँ समाज को देकर दलित, गरीब, वंचित समाज के कल्याण में अपना विशेष योगदान देते रहेगे।

'जीवन एक चुनौती' कहानी संग्रह को स्वराज प्रकाशन ने प्रकाशित करने की जिम्मेदारी स्वीकार की है यह उनका सहयोगी भाव है।

मेरे प्रिय भाई डॉ. सुरेश मुळे जी ने 'जीवन एक चुनौती' कहानी संग्रह की महत्वपूर्ण जिम्मेदारी मुझे सौंपी, यह उनका अत्यधिक श्रद्धा, प्रेम और विश्वास हैं। मैं उनकी भावनाओं के प्रति कृतज्ञता का अनुभव करती हूँ, साथ ही उनके उज्जवल भविष्य के लिए मेरी असीम शुभकामनाएँ है।

डॉ. सुशीला टाकभौरे

मनोगत

दिल के द्वारे

मेरे जीवन की कड़वी सच्चाई और आंखों-देखे हाल को रेखांकित करने का निर्णय मेरे मन ने ले लिया तो बड़ी खुशी हुई। जैसे-जैसे लेखनी चलती गई, हृदय का रुधिर आँसुओं में बदलकर बहने लगा। थमने का नाम नहीं ले रहा था, दुःख से दम घुटने लगा था। पता नहीं क्यों, आज पहली बार भयानक दर्द के बादल मन पर मंडराने लगे।

अपनी और अपनों पर बीती बातों का एहसास उस समय नहीं हुआ था। क्योंकि उमर कच्ची होने के कारण सोचने की मानसिकता की न्यूनता थी। उन्हीं घटनाओं को आज दुबारा याद करने लगा हूँ तो हृदय, दुःख और वेदनाओं के अथाह सागर में डूबने लगा है। आन्तरिक आवाज़ से ऐसा महसूस होने लगा है कि छाती फटकर, सैलाब के रूप में बहेगी और दर्द भरा क्रोध बाहर गिरेगा। इस वेदना भरी सुनामी के प्रलय से समाज में फैली हुई कुरीतियों का नायकाट करने के लिए ही, भावनाओं की उतुंग लहरें बनकर, इस अव्यवस्थित समाज के चेहरे पर जोरदार, थप्पड़ मारने के लिए आगे बढ़ रही हैं। ऐसा लगने लगा है कि जातिवाद, अन्याय, अत्याचार, छुआछूत आदि घिनौनी पद्धतियों का सर्वनाश करके ही शांत होगी।

कहानियाँ लिखते समय कितनी बार रोया, इसका तो हिसाब नहीं है, परन्तु 'रोटी की तलाश' कहानी मेरे आंसुओं से बनी है। पूर्णरूपेण इसे आँसू पिलाकर ही सींचा है। 'कच्ची दीवार' मेरे परिवार की भूख की वेदनाओं का रू-ब-रू परिचय है।

बीती वेदनाओं को आज याद करते हुए ऐसा महसूस होने लगा है कि–''मैं इस नारकीय समाज में कैसा जिया ? मुझे ही इतनी तकलीफ थी तो संविधान शिल्पी, महामानवतावादी, भारतरत्न डॉ. बाबासाहब की क्या दशा की होगी इस जातिवादी

समाज ने ? " सोचकर मन दुःख की गहराई में उतरने लगा। मैं एक काबिल इन्सान बना हूँ, बाबा के नियमों की मदद और मेरी पढ़ाई से। आज भारतीय समाज से हटकर, मुड़कर जब देखता हूँ, तो इसकी स्थिति को 'बहता नीर' के बजाय, खंदक का बदबूदार सड़ा हुआ जल-सा देख रहा हूँ। आज भी वही, सुधारहीन सामाजिक नियम, वही जातिवाद छुआछूत, हीन संस्कार कुछ लोगों में देखने को मिल रहे हैं।

दुःख से दिल कहता है-"मेरा दिल तो कब से खुला था, आज दरवाजा भी खुला है। कदरदानों, ओ मेहरबानों, पधारिए भीतर, अगर इन्सानियत का गुल खिलाना चाहते हैं।" कहकर मन आव्हानित करके, आगे बढ़कर हाथ मिलाना चाहता है। परन्तु गिने चुने लोग हाथ मिलाते रहे हैं। आज-कल तो बीते दिनों से भी भयानक नजारा लोगों के व्यवहार से देखने को मिल रहा है। पचास वर्ष पूर्व देहातों को 'जाति का गढ़' माना जाता था परन्तु आज शहर वैसे ही बने हैं। पढ़े-लिखे लोगों में ऐसी हीन भावनाएं अधिक पनप रही हैं। पिछड़ों के साथ बड़ा ही हृदयद्रावक व्यवहार हो रहा है।

मेरे एक ब्राम्हण मित्र ने अपने बेटे के मुंज के ब्रम्होपदेश कार्यक्रम में मुझे बुलाया था। मुझे घर के अंदर नहीं बुलाया, बाहर बिठाया। मेरे आने के बाद आए अनेक लोगों को घर में बिठाकर खाना खिलाया। यह सब देखकर चिंता होती है कि -"इस जातिवादी समाज में गरीब, लाचार पिछड़े, मजबूर, कमजोर, का क्या अस्तित्व होगा ? आज सामाजिक सुधार के नियम कागज़ी नाव का काम कर रहें हैं। अयोग्य और बुझदिल लोग मिलकर कानून का हनन् कर रहे हैं। विषमता चट्टान बनकर अपना सिर ऊँचा कर रही है। समाज सुधारक और नेता या देशभक्त, सन्यासी लोग जातिवाद का चुनाव लड़ते हैं, तो भला कौन इस समाज में बदलाव लाकर, इन समस्याओं को सुलझा सकेंगे ? इन प्रश्नों से संबंधित समस्याओ के विरोध में मेरी कहानियाँ आवाज उठाती हैं।

समाज के सामने कहानियाँ रूपी मिसाईलें छोड़ रहा हूँ। ताकि इसकी ताकत से समाज में फैली हुई कुरीतियों की धज्जियाँ उड़ा सकें और भारतीय समाज फिर से सुजलाम्, सुफलाम् बन सके। यहाँ का कोई व्यक्ति अपने-आपको कभी कमजोर न समझे, न कोई सामाजिक सम्मान से वंचित रहे। मेरी कहानियों का मकसद एक ही है कि 'मानवता की पताका लहरें', सभी जनों की भावनाओं की कद्र हो, सभी के दिलों में मैत्री-भाव जागे । यहाँ न कोई बड़ा है, न कोई छोटा, समाज की दृष्टि में सभी समानता की राह पर चलें। भूखे की भूख मिटाने की इच्छा रखें, सभी को अपनत्व की दृष्टि से देखते, फैले हुए भेदभाव को मिटाते चलें।

मेरा किसी से बैर नहीं है, ना किसी मानव कुल से शिकवा! मेरी बैरी है सिर्फ,

बुराई, अन्याय, छुआछूत, भेदभाव, हीन विचार, आदि। जो कोई मानवतावाद का विरोधी बनकर, दानवतावाद के विचार समाज में फैलाते रहेगा, ऐसे गोमुख व्याघ्र का विरोध मैं और मेरी कहानियाँ करते रहेंगे। जो बाहर-भीतर समान नहीं होते, जो गरीबों का शोषण करते हैं - ऐसे हीन विचारवादियों को मुंह तोड़ जवाब देने वाली मेरी कहानियाँ 'जीवन एक चुनौती' कहानी संग्रह के रूप में आपके सम्मुख प्रस्तुत करते हुए बड़ा हर्ष हो रहा है। इन्हें पढ़कर पाठकगण अपना निष्पक्ष विचार मुझे भेजेंगे तो मेरा प्रयत्न सफल हुआ, ऐसा समझूगाँ।

मेरी कहानियों में ज्यादातर मेरे और अपने गरीब लोगों के जीवन से संबंधित यथार्थता को दर्शाया गया है। पात्र काल्पनिक हैं। मेरी कहानियों का कोई प्रसंग किसी के जीवन से मेल खाता है, तो यह एक संयोग ही समझना चाहिए।

इतना बड़ां कार्य करने के लिए मेरी दीदी डॉ. सुशीला टाकभौरे का सदा आर्शिवाद और मार्गदर्शन मिलते रहा है। कहानियाँ लिखने के लिए डॉ. जयप्रकाश कर्दम जी की जोशीली आवाज की शक्ति ने मेरे हारे हुए मन को सदा सर्वताजा करते रही है। मैंने आज तक उन्हें और दीदी को नहीं देखा है, परन्तु बराबर मुझे फोन द्वारा ही प्यार, अपनापन देते रहते हैं। कहानियाँ लिखने के लिए जिनसे भी मुझे सहयोग प्राप्त हुआ है, उन सभी को सादर वन्दना।

भारत की अनेक हिन्दी पत्रिकाओं ने समय समय पर मेरी कहानियाँ प्रकाशित करके, मेरा हौसला बढ़ाया है- आश्वस्त, हाशिए की आवाज, बयान, नागफनी, युध्दरत आम आदमी, हिन्दी दर्पण आदि का मैं आभारी हूँ।

कहानियाँ आपके हाथों सौंप रहा हूँ। आप मेरे निर्णायक हैं। मेरी कोई कहानी आपके हृदय को छू जाएगी, तो समझूंगा कि मेरा लेखन सार्थक हुआ और भारत माता की सेवा में सही उतरा।

"भवतु सब्ब मंगलम्"

14 अप्रैल 2012

डॉ. सुरेश मुले

ऐसी क्यों बनी मुन्नी

मुन्नी चुन्नी-सी सुंदर, सभी के मन को मदहोश करने वाली आदर्श यौवना थी। माँ-बाप की लाड़ली होने के नाते, प्यार से मुन्नी कहा करते थे। फिर आगे चलकर यही नाम प्रचलित हुआ।

मुख गोल, शरीर सुडौल, आँखों में सदा हिरनी की चंचलता, केश राशी से पूरी पीठ ढक जाती थी। जब बाल छोड़ती थी तो घुटनों के नीचे तक फैल जाते थे। सहेलियाँ इसे सताया करती थीं कि ''बारहवी शताव्दी में आक्कमहादेवी थी,जो अपने केशों से ही संपूर्ण शरीर को अवरित करती थी। आज की अक्कमहादेवी देखो, जब बाल खुले छोड़ती है तो पूरी पीठ ढककर घुटनों तक लटकते रहते हैं। ओ, अक्का, ओ अक्का'' कहकर सहेलियाँ मुन्नी के नाक में दम कर देती थीं।

रंग गोरा, देखने वाले दातों तल्ले उंगली दबाये कहते थे कि अंग्रेजी मैम है क्या? ऐसा समझकर, इसकी खूबसूरती को लेकर सोचते- सोचते परेशान हो जाते थे। जो कोई इसे देखता तो अपने हृदय को हाथ में लिए हुए अपलक अंधों-सा कदम बढ़ाते हुए चलते थे। ऐसा लगता था मानो गली में सुंदरता का तूफान आ गया है। इसे देखने के लिए युवकों की भाग-दौड़ होती थी, गली में ऐसा माहोल बन जाता था, जब वह रास्ते पर चला करती थी। संस्कार की सजनी, भगवत्‌भक्ति पर भरोसा रखने वाली, परोपकारी, पतिव्रता, पूर्णतः पारिवारिक जीवन से संतृप्त नारी थी।

शिवानंद भौसले बैंक का प्रबंधक था। अविवाहित था, वह मुन्नी की सुंदरता पर मोहित हो गया। जब-कभी इसे देखता था,तो होश-ए-हवास खो बैठता था। उसे यही सोच सताया करती थी कि मुन्नी को अपना कैसा बताया जाए ? कहीं दूसरों की नजर इस पर पड़ गई, तो मेरी नहीं बनेगी?'' समझकर मुन्नी को लेकर उसकी माँ से बातें करने एक दिन उसके घर पर चला गया।

दोनों एक ही बाड़े में किराये के मकानों में रहते थे। मुन्नी के पिता का स्वर्गवास होकर चार महिने बीत गए थे। बेटी कि शादी की चिंता में पिता तिल-तिल कटते रहे

थे। इसी चिंता ने उनकी हृदयगति को रोक दिया और जीवन को चिता की राह की ओर मोड़ दिया। मुन्नी की शादी की चिंता अब माँ करने लगी। बेचारी माँ,एक दिन भी किसी काम से घर से बाहर नहीं गई थी। यहाँ तक कि तरकारी लाने के लिए भी कभी बाजार नहीं गई थी। ऐसी नारी पर एकाएक जिंदगी और बेटी की शादी की जिम्मेदारीयाँ आ जाने से वह अन्दर ही अन्दर फिक्र से पिघल रही थी। एक ओर वैधव्य का दुःख, दूसरी ओर बेटी के विवाह की चिंता ने इसे एक क्षण भी सुकून से रहने के लिये नहीं छोड़ा था। परेशानी में दिन कट रहे थे।

शिवानंद को इस सराय में आकर दो महिने होने लगे थे। मुन्नी के पिता का परिचय इससे नहीं हो सका। कभी नहीं आने वाला, शिवानंद आज अचानक अपने घर पर आने का मतलब मुन्नी की माँ को समझ में नहीं आया। वह दालान में ही खड़ा है, उसे बैठने के लिए भी नहीं कहा गया। शिवानंद अपने मन के विचार उनके सम्मुख प्रस्तुत करने वाला ही था कि अंदर से मुन्नी आ गयी -

''आप खड़े क्यों हैं ? बैठ जाइए ना। माँ के साथ बातें कीजिए, मैं बस दो मिनट में आपके लिए चाय लायी -'' कहकर पाक- घर में चली गई। उसे देखते ही इसके हृदय में प्रेम की गुदगुदी होने लगी। दिल में ही कहने लगा - ''दो मिनट क्यों, दो युग हो जाने से भी मैं तुम्हारे हाथ से बनाया हुआ अमृत पीने के लिए इन्तजार करूंगा।'' ऐसा सोचते, पाकशाला की ओर देखने लगा था। तभी माँ ने पूछा- ''कहो बेटा, कैसा आना हुआ ?'' शिवानंद के सोच का महल ढह गया और वह माँ के साथ बातें करने में लग गया- ''माँ', मैं आपसे यह पूछने आया हूँ कि....।'' बीच मे मुन्नी आ गई -

''यह आपकी चाय और माँ यह आपके लिए''-

कहकर दोनों को एक-एक प्याला थमाकर, वह भी चाय का प्याला हाथ में पकड़े उनके साथ बैठ गई। माँ ने फिर से वही प्रश्न शिवानंद के सामने रखा। मुन्नी सामने होने के कारण, प्रस्ताव रखने के लिए शिवानंद का मन घबराने लगा। सो बातें करते समय जबान फिसलने लगी। बौखलाकर कहने लगा -

''माँ मैं, बस्स, माँ यों ही आया था, बस माँ मैं मुन्नी...।'' शिवानंद की मासूमियत को माँ जान गई और मुन्नी को अंदर जाने के लिए कहा।

''अब बोलो बेटा, वह अंदर चली गई है।''

''माताजी आपसे कुछ मांगने आया हूँ।''

''बेटा, बताओ तो सही, ऐसी कौनसी चीज है, जो मैं तुझे दे सकती हूँ।''

''माँ मैं आपसे ऐसी चीज मांगने आया हूँ कि सुनकर आप हैरान हो जाओगी। मेरी प्रार्थना है, आप इनकार न कीजिए। नहीं तो मेरा जीना मुश्किल हो जाएगा। मैंने

दिल की बात, मेरे माता-पिता को भी नहीं बतायी। आपको ही माँ समझकर बता रहा हूँ। मुझे निराश मत करना।''

''खैर, बताओ तो बेटा, ऐसी कौनसी बात है ?''

''माँ, मैं मुन्नी का हाथ मांगने आया हूँ।''

यह सुनकर माँ की आँख भर आयी, क्योंकि पति मरने के पश्चात बेटी के लिए रिश्ता आया है। उनके जीते जी यह हो गया होता, तो मेरा सुहाग बने रहता- सोचकर दुःखी हुई। दूसरी ओर खुशी भी हो रही थी कि

बेटी का ब्याह हो जाएगा। मेरे पति की आत्मा को शांति मिलेगी। इस सोच से आँखों से आनंद के आंसू निकल रहे थे। सारे विचारों को मन में ही दबाकर, एक दृष्टि शिवानंद पर डालते हुए कहने लगी -

''बेटा सुना है, आप ब्राम्हण हैं ?''

''हाँ माँ, सही सुना है आपने।''

''तो, बेटा हम तो. . . .।''

''माँ क्या बात है ? बताइए, क्यों रूक गए ? क्या बताना चाहती है ? खुले मन से बताइए, संकोच न कीजिए।''

''मैं अकेली हूँ, समाज में क्या चल रहा है, इस बात का मुझे कुछ पता नहीं है। आप ऊंचे जात वाले, कैसा हो सकता है यह रिश्ता ?''

''अम्मा, आप अपनी बेटी से पूछिए, वह तैयार है? वह हाँ कहेगी, तो मुझे किसी की परवाह नहीं है, कोर्ट में शादी कर लूंगा। आप इस समाज की चिंता मत कीजिए। बारहवी शताब्दी में महात्मा बसवेश्वर जी ने अंतरजातीय विवाह करवाकर इस सनातनी देश को एक नया मार्ग बताया था। सारा मानव कुल एक होता है, फिर कैसा भेद? मैं तो इस विषमता को मानता नहीं और जो मानवता को मानेगा, वह भी इन दकियानूसी विचारों को नहीं मानेगा।''

''तुम्हारे प्रश्न को सुलझाने की शक्ति मुझमें नहीं है बेटा। ऐसा कुछ हो जाएगा तो, हमारे हो या तुम्हारे जात बिरादरी वाले, अपने किसी क्रिया-कर्मो में नहीं आएंगे।''

''अम्मा, आप अभी भी पुराने खयालो में हैं। आपके कोई पढे-लिखे रिस्तेदार हों, तो बताइए। मैं उनसे मिलूंगा और मेरे मन की बातें बताकर राजी करूंगा। आप परेशान मत होना। आपकी जाति के बारे में मैं जानता हूँ, फिर भी मुन्नी से विवाह करना चाहता हूँ, क्योंकि वह मुझे बेहद पसंद है।''

''हाँ बेटा, मेरा बड़ा भाई पढा-लिखा, समाजसेवक है। उसे मिल सकते हो।''

शिवानंद के परिवार-जनों ने शादी में भाग नहीं लिया। मुन्नी का मामा अकेला खड़े

होकर रजिस्ट्री-मॅरेज करवाया। वैवाहिक जीवन आनंदमय चलने लगा। मुन्नी ने एक के बाद एक-दो लड़कियों को जन्म दिया। घर बच्चों के शोरगुल से गूंजते रहता था। कभी मस्ती, कभी शैतानी, कभी पढ़ाई, तो कभी टी.वी देखने में बच्चे भी खुश रहने लगे। पति-पत्नी के मन में इच्छा जन्मी कि क्यों न तीसरी संतान को जन्म दें, वह लड़का भी हो सकता है। ऐसा सोचकर बीस साल बाद, जब तीसरी संतान जन्मी, वह भी लड़की हुई। सानंद, बेटा होने के मोह को छोड़कर फैमिली प्लानिंग का ऑपरेशन करा दिया।

शिवानंद भोसले का चचेरा भाई बसवकल्याण में ठेकेदार था। सो पी. डब्लु.डी. कार्यालय के कार्यों के बहाने बीदर को आया करता था। जब कभी आता था, शिवानंद के घर पर ही ठहरता था। अब रिस्तेदारी की बात ही कुछ ऐसी होती है, बेचारी को न छोड़ने आता है या न फिर तोड़ने आता है। अच्छे हो या कच्चे, रिस्तेदार जब घर पर आकर टपकते हैं, तो उनकी ओर से मिले सब दुःख सहो, ऊपर से खातिरदारी करो, फरक पडे, तो जिंदगी भी बरबाद कर लो। शिवानंद के साथ भी ऐसा ही हुआ।

'मूर्खों को बैठने के लिए जगह देंगे, तो वह पैर फैलाना शुरू करेगा, फिर बिछोना डालेगा और तनकर सोने लगेगा, तब तुम्हारी नींद हराम हो जाएगी।' चचेरा भाई समझकर उसे घर क्या आने दिया, शिवानंद से वहीं बड़ी गलती हो गई। भाभी की सुंदरता उसे भा गई। मन में स्वार्थ जाग गया, कि किसी तरीके से इसे हथियाया जाए। चचेरे भाई की काम-वासना ने देवर-भाभी, भाई-भाई जैसे पवित्र बंधनो पर भी कालिक लगा दी। ऐसे दरिन्दों के कारण अन्य रिस्तेदारी शायद किसी पर भरोसा नहीं करेगी।

शिवानंद घर पर नहीं था सो पता लगाकर चचेरा भाई घर पर आ गया और भाभी को फुसलाकर साड़ी दिलाने के बहाने कार में बिठाकर बाजार ले आया। बच्चे सभी घर पर ही थे। यही मौका देखकर कार सीधा गुलबर्गा पहुंचा दिया और मुन्नी को दोस्त के घर पर कमरे में बंद करके रख दिया। मुन्नी की आँख खुली तो खुद को एक कमरे में कैद देखी। सप्ताह भर किसी को कुछ भी पता नहीं चला। इसके दोस्त भी आते, उपभोग करते और मुँह पर पैसे फेंककर चले जाते थे। उन लोगों नें इसे वेश्या समझ रखा था।

पता चलने पर शिवानंद गुलबर्गा चला गया और पत्नी को वापस घर लाने का खूब प्रयत्न किया। परन्तु मुन्नी का दिल टूट गया था। वह कहने लगी- ''मेरे इस कलंकित शरीर को लेकर क्या करोगे? आप बड़े भोले हैं। ऐसे नागों पर आइंदा भरोसा मत करना। इन्हें दूध पिलाने पर भी हमें डंसने तक नहीं छोड़ते। मेरे कारण

आपके नाम की बदनामी ना हो, यह मुझसे सहा नहीं जाएगा। आप बच्चों के साथ सलामत रहो। मैं कौन सा मुंह लेकर आपके साथ आँऊ।" -कहकर रोने लगी।

"देखो, कहते थे ना, मेरा भाई सगे भाई से बढ़कर है। क्या किया इसने, मुझे वेश्या बना दिया। बड़ा क्रूर प्राणी है यह, तुम्हें भी नहीं छोड़ेगा।"

पत्नी की बातें सुनकर शिवानंद को क्रोध आ गया। क्रोध के कारण सारा शरीर पसीने से तर हो गया। गुस्से में खुद के बाल नोचने लगा। अगर वह उस समय उनके सामने होता, तो मार डालता, ऐसी बेसुमार हरकतें करने लगा। इसकी यह स्थिती देखकर मुन्नी भी परेशान हो गई।

ऐसा-वैसा समझा-बुझाकर, पति को बस में बिठाकर वापस बीदर को भेज दिया। जब वह तीन घंटो में बीदर पहुंच गया, तो पागल सा बस में ही बैठा रहा। लोगों ने उसे उतारने के बाद भी वह घर नहीं, गया, पता नहीं कहाँ चला गया।

बच्चे और मुन्नी की माँ यहाँ परेशान थे। न माँ, न बाप, अब बच्चे लावारिश से रहने लगे। किराये का घर भी छोड़ना पड़ा। बड़ी दो लड़कियों को शिवानंद का भाई प्रेमानंद ले गया ओर दोनों का घर बसा दिया। छोटी लड़की नानी के पास थी।

श्याम का समय था। गुलबर्गा के सुपर मार्केट में एक नारी सज-धजकर टैक्सी स्टैण्ड की ओर जा रही थी। परिचित कार ड्रायवर उससे बात करने लगा। उसी की कार में बैठकर, अपने काम पर जाया करती थी। मैं मेरे मित्र से मिलने गुलबर्गा आया था सो, उस पर नज़र गई। न आगे देखा न पीछे, दौड़ते हुए उसके पास गया -"भाभी आप और यहाँ ? क्या भाई साहब की बदली हो गई है?"

ऐसा कहने पर उसने पहले मुझे पैर से सिर तक देख लिया, फिर मेरी ओर करूण भाव से देखकर चुप हो गई। शायद वह मुझे पहचानी नहीं या कोई ग्राहक मस्का मारने के लिए रिश्ता जोड़ता होगा, समझकर नजरअंदाज कर दिया। मैंने भी छोड़ा नहीं, पास जाकर बतियाना चाहा। वह आगे निकल रही थी। मैंने धैर्य से कहा—

"भाभी, रूकिए तो सही, मुझे दो बातें करने दीजिए। आप मुझे तीस साल बाद देख रही हैं। शायद नहीं पहचाना होगा। मैं हर बार आपकी याद करता हूँ। आपके कारण ही तो मैं प्रोफेसर बना हूँ। आपने भगवान के लिए रखा हुआ गुलक तोडकर मुझे 108 रूपये अगर नहीं दिये होते, तो मैं एम. ए. में प्रवेश नहीं पा सकता था और इतना बड़ा आदमी भी नहीं बन पाता।"

मेरी बातें सुनकर उसके मन में क्या विचार आए, पता नहीं। मुखमंडल मुरझा गया। हृदय भी पसीज गया। कहने लगी -

"तुम्हारा नाम क्या है?"

''मेरा नाम सुरेश मुले है, आप मुझे सूर्या कहकर बुलाते थे।''

वह कहने लगी ''तुम मुझे कैसे जानते हैं।''

मैंने कहा - ''भाभी, मैं आपका देवर दयानंद का मित्र हूँ। आपके घर आया करता था। देखिए, आप बैंक कालोनी में थे ना। मुझे खाने के लिए मोतीचूर लाडु भी दिए थे। वही छोटा सूर्या मैं ही हूँ भाभीजी।'' पिछली यादें दिलाने के पश्चात वे कहने लगीं–

''तू सूर्या है, वह छोटा-ठिगना सा फटे-कपडे, गोरा चंचल, नाटा जो दया के साथ - अब इतना बडा, हाँ ...।''

''हाँ ! हाँ ! भाभी, वही सूर्या, मैं अब धारवाड़ में रहता हूँ। प्रोफेसर बना हूँ।''

''अच्छा, मुझे जरूरी काम पर जाना है, चलती हूँ ''

''भाभी, भाभी, भाभी, कितने दिनों के बाद मिले हैं। अब समय नहीं है तो, फोन पर बातें करूंगा, नंबर तो दीजिए।'' कहने पर नंबर बताकर, कार में बैठकर फुर्र हो गई। मैं उसे बुत की तरह देखता ही खड़ा था कि मेरे सामने से सर्र सी कार फरार हो गई। फिर कभी नहीं मिली, कई बार फोन लगाया, लेकिन कोई कभी उठाया ही नहीं।

''आज आखरी बार फोन करूंगा, अगर भाभी नहीं उठाएगी तो कभी नहीं फोन लगाऊँगा''- सोचकर, मन में दृढ निश्चय कर लिया और मोबाईल में नंबर अंकित करके कॉल किया। रिंग हो रहा था - ''जाने वाले हो सके तो लौट के आना।'' रिंगटोन सुनकर अजीब सी सोच आ गई, मन में नाराजगी छा गई, क्यों ऐसा हुआ, पता नहीं।

फोन रिसीव हुआ, मुझे बेहद खुशी हुई, कि मेरा भविष्य बनाने के लिए मदद करने वाली मेरी भाभी के साथ ढेर सारी बातें करूंगा, उपलब्धियों के बारे में बताऊंगा। आदि अनेक विचार चंचल मन पटल पर मयूर सा नाच कर रहे थे। सामने से आवाज आयी ''हाँलो कौन, बात करो ना'' - आवाज दूसरी होने के नाते मैंने पूछा- ''कौन हो भाई, मुझे मुन्नी भाभी से बातें करनी है।'' कहने पर कहने लगी- ''मैं राजेश्वरी हूँ, अंकल आप कौन''?

''बेटा मैं सूर्या हूं, बताइए मम्मी को''-

''आपको पहले मुझसे बातें करनी होगी, तब मैं मम्मा के बारे में बताऊंगी, नहीं तो फोन रख दूंगी। है मंजूर।'' ''हाँ भाई मंजूर''- कह दिया।

लड़की बड़ी बातूनी लग रही थी, कम-ज्यादा तीन या चार साल की होगी। मैं उसके साथ दस मिनट तक बातें करने के बाद मैं बोला-

''बेटा अब तो मम्मी को बुलाइए ना प्लीज।'' कहने पर, वह फफकते हुए

कहने लगी- "अंकल, मम्मा से बातें करना चाहते हैं। वह आपको भगवान के पास मिलेगी। मेरी नानी ने कहा है, मम्मा कार में बैठकर भगवान से मिलने, उनके घर गई है। मेरे पास भगवान का फोन नंबर भी है। नानी ने बताया है कि जब भी मम्मा को बातें करना चाहे तो इस नंबर पर मिल जाएगी"- कहकर उसने नंबर बताया और कहा-

"अंकल मैंने बहुत बार इस नंबर पर फोन लगाया है, लेकिन घंटी ही नहीं बजती। अंकल, क्या भगवान का फोन खराब हो गया है। आप को अगर मम्मा मिली तो मेरे साथ भी बातें करवाइए। उनसे कहो कि राजी नाराज है। मैं उनसे बातें नहीं करूंगी। मुझे नानी के पास छोड़कर, वह अकेली ही भगवान के घर चली गई है। अंकल, भगवान का घर कितना दूर है ?" मैं तुम्हारे साथ आऊंगी, मम्मा से मिलने, ले जाओगे ना ? अंकल मेरी नानी है ना, अच्छी नहीं है, मुझे डांटती है। भगवान के घर जाने से मना करती है। मुझे मेरी मम्मा से मिला दो ना अंकल प्लीज, मिलाओगे ना अंकल।"

इस छोटी, लाड़ली, प्यारी लड़की की सोच ने मुझे सोचने के लिए मजबूर कर दिया कि आखिर मुन्नी का जीवन बरबाद होने के लिए, कौन कारणिभूत है ? इस मासूम लड़की का भविष्य कैसा होगा ? ऐसे अनेक प्रश्नचिन्ह, मन पटल पर जहरीले तीर के समान आज भी चुभने लगते हैं।

जीए तो जीए कैसे

कर्नाटक विश्वविद्यालय धारवाड़ के एस. बी. आई, बैंक के ए.टी.एम, के पास मेरी गाड़ी खड़ी थी। मैं रुपये निकालने के लिए ए. टी. एम. में गया था। रुपये लेकर जब गाड़ी के नजदीक गया तो देखा, एक खूबसूरत नारी बड़ा ही सुंदर, गुलाबी रंग का पटियाला ड्रेस पहनकर गाड़ी पर दोनों हाथ टिकाये मेरे विपरीत दिशा में मुँह नीचे किए कुछ सोचते खड़ी थी। यह देख मुझे पहले शक हुआ कि मेरी गाड़ी के पास ऐसा कौन भला खड़ा हो सकता है? फिर मैंने मेरी गाड़ी को निहारा, क्या यही मेरी गाड़ी हो सकती है ? मुझे यकीन होने पर, गाड़ी के पास गया और आहिस्ता से कहा ''मैडम माफी चाहता हूँ, 'मुझे गाड़ी लेनी है'। कहने पर उस नारी ने अपनी गर्दन घुमाकर मेरी ओर देखी, फिर रोई सी आवाज में ''नमस्ते सर''- कहा। उसकी आँखों से आँसू निकल रहे थे। अपने रुमाल से आँसू साफ करते हुए कहा - ''सर, आप इधर।'' मुझे कुछ समझ में नहीं आ रहा था, उसके आँसुओं को देखकर, सोच रहा था, आखिर शैला मेरी गाड़ी के पास खड़े-खड़े क्यों रो रही है? यह किस समस्या में फंसी होगी ? आखिर रोने जैसी इसकी कौनसी मजबूरी हो सकती है ? इन प्रश्नों ने मुझे मूक बना डाला था। क्योंकि यह एक स्वाभिमानी नारी थी। वह जिंदगी मैं कभी हार मानने वालों में से नहीं थी। उसे इस अवस्था में देखकर मैं परेशान हो गया था।

शैला के परिवार में चार सदस्य हैं। माँ का नाम राधिका, बड़े भाई का नाम राम और छोटे का नाम लक्ष्मण है। पिताजी शिक्षक थे। सेवानिवृत्त होने के बाद हुबली में किराये के मकान में रहने लगे थे। बेटी अकेली थी, सो शैला को बहुत चाहते थे। बड़ा बेटा प्राथमिक स्कूल का शिक्षक, छोटा बेटा अभी पाँचवी में पढ़ता था। निवृत्ती के पश्चात् उन्हें (ग्रयाचुटी फंड) दो लाख रुपये मिले थे। उन रुपयों को बेटी के विवाह में खर्च कर डाले थे। अब तो पेन्शन पर ही गुजारा चल रहा था।

शैला के पिता पहले लक्ष्मेश्वर नामक गाँव में नौकरी करते थे। इनके पड़ोस में शीला नाम की लडकी रहती थी। सुंदर, गोरी हिरनी के जैसी कूद, कूद कर छलांग

लगाते हुए चलती थी। ये दोनों हर समय साथ में ही रहती थी, दोनों एक ही कक्षा में पढ़ती थीं, स्कूल को जाते-आते, खाते, सोते, पढ़ते, लिखते, खेलते समय साथ में ही रहती थी। इनकी गहरी मित्रता को देखकर लोग इन्हें, गंगी, गौरी नाम से बुलाते थे। दोनों सहेलियों के पास मध्यम बुद्धिमत्ता थी। ये दोनों सदा समाज के बारे में चिंता करती रहती थीं। क्योंकि, इनकी अन्य सहेलिया भी थीं। ये उनके घर जाती थीं, उनके संस्कारों को देखती थीं। उनके आचार, विचार एवं व्यवहार को परखती थीं। उनके अभिभावकों के कार्यों के बारे में भी जान लेती थीं और अपने दादाओं के काम-धन्धों के बारे में भी सोचती थी।

शैला के दादा चमड़ा तैयार करते थे और शीला के दादा-दादी चप्पल बनाने का काम करते थे। आगे चलकर इनके पिता पढ़ लिखकर सरकारी नौकरी कर रहे थे। इन दोनों ने अपने दादाओं के कार्यों के बारे में सोचा। एक दिन, शैला के पिता ने दोनों को बिठाकर बताया था- "देखो बेटी, तुम दोनों को बहुत पढ़ना है। डॉ. बाबासाहब के जैसा तुम्हें भी डॉक्टर की पदवी पाना है और अपने समाज के साथ-साथ इस देश की उन्नति में हमें स्वयं को न्यौछावर करना है।"

शैला ने पिताजी से पूछा - "पापा डॉक्टर कैसे बनते हैं।" पिता ने कहा-"बेटी, डॉक्टर तो दो तरीके से बन सकते है - पहला वैद्यकीय डॉक्टर, एम.बी.बी.एस करके बन सकते है और दूसरा मास्टर डिग्री के उपरान्त पी.एच.डी. करके भी डॉक्टर बन सकते हैं। जैसे हमारे बाबा साहब बने है।" दोनों लड़कियों ने उत्तर दिया- "हम बाबासाहब डॉ. अम्बेडकर की जैसी डॉक्टर पदवी पाएंगे"- कहकर उठकर कूदने लगीं। इन दोनों के आश्वासन से शैला के पिता बहुत खुश हुए थे।

दोनों सहेलियों ने कर्नाटक विश्वविद्यालय धारवाड़ के हिन्दी विभाग से एम.ए. की उपाधि प्राप्त की। दोनों ने मिलकर पी.एच.डी. के लिए भी अर्जी डाल दी। दोनों का नाम शोधकार्य के लिए चुना गया। इन दोनों में शैला की शादी बेलगाँव में कर दी गयी। मन का उद्देश्य पूरा नहीं हुआ, यह विचार शैला को बार-बार सताते रहता था। ससुराल वाले सदा डांटा करते थे। सास कहती थी- "देखो-देखो तो, कितनी मनहूस लड़की है, जब देखो तब किताब लिए बैठती है, महारानी के जैसी। यहाँ घर का काम कौन इनकी माँ आकर करेगी ? इतनी रईस खानदान की हो, तो साथ में दो चार नौकर भी लाना था। वे काम करते और तुम पढ़ते बैठती।" सास की जली कटी बातें शैला के कलेजे में कटार चलाती थीं। वह कसमसाकर चुप रह जाती थी।

शैला का पति बड़ा मासूम था। पत्नी से तो इसे प्यार था, परन्तु माँ का पल्लू पकड़कर घूमा करता था, क्योंकि इसकी कुछ भी कमाई नहीं थी। माँ समाज कल्याण अधिकारी थी। पति और बेटे को अपने वश में कर लिया था। इसे भी एक बेटी थी।

उसे कोई काम नहीं लगाती थी। घर का हर काम शैला को ही करना पड़ता था। इसकी एम.ए. की उपाधि यहाँ कोई काम नहीं कर रही थी। यहाँ तो इसे एक नौकरानीं के रूप में ही देखा जाता था। घर का सारा काम करने के उपरांत, शैला फिर से किताब लेकर बैठ जाती थी। यह देख सास चेतावनी देते हुए कहती है - ''बहू, यह पंडित और, ब्राम्हणों का घर नहीं है। मुझे पढ़ने वालों से परहेज है। हमारे घर में ना मेरी बेटी उतना पढ़ सकी, ना मेरा बेटा। फिर मेरा बेटा ही नहीं पढ़ सका, तो तुझे पढ़कर क्या करना है। यह पढ़ाई वढ़ाई का चक्कर छोड़ दे, घर का काम करके आराम से रहने का प्रयत्न कर। इससे एक कदम भी आगे बढ़ेगी तो फिर. . . हाँ।''

इन बातों ने शैला के हृदय को हिला दिया था। शैला सास की बातें पति से कहती है। पति ने भी कहा- ''देखो, मैं स्वतंत्र नहीं हूँ। माँ पर ही हम दोनों निर्भर हैं। मैं उसे कुछ कहूँ, तो वह कब हमें घर से निकाल देगी, पता नहीं। तब हम कहीं के नहीं रहेंगे। सोच समझकर अपना कदम उठाते रहना, वर्ना घर से बाहर होना पड़ेगा।''

शैला सोचने लगी, मेरे दुःख को ना मेरा पति जानता है, न मेरी सास। इन परेशानियों को अगर पिता को बताऊंगी तो वे चिंतित होंगे। अभी तो विवाह होकर दो महीने ही हुए हैं। दूसरे किसी से कहूँ तो वे कहेंगे कि- ''देखो तो, लड़की आकर सिर्फ दो महीने हो गए और अभी से ही ससुराल की हेकड़ी बाहर निकाल रही है।'' बात-बात में विषय एक दूसरे के कानों तक पहुँच जाएंगा। तब मैं कहीं की नहीं रहूंगी। ऐसे अनेक विचारों ने इसके मस्तिष्क को मंद कर दिया था। उसका डॉक्टरेट का लक्ष्य अब निर्लक्ष्य होते जा रहा था। अपने लक्ष्य से दूर जाती हुई शैला के हृदय में घबराहट हो रही थी। वह कोई निर्णय नहीं ले पा रही थी कि 'पढ़े या संसार रूपी जीवन में आगे बड़े।'

धैर्य बांधकर एक दिन शैला पति से कहती है - ''देखो जी, मैं मेरे जीवन में बार-बार पी.एच.डी. नहीं पा सकती, ऐसे तो हमारे समाज में बहुत कम महिलाओं ने यह उपाधि प्राप्त की है। यह मौका गवाँएगें तो फिर नहीं मिलेगा। आप अपनी माँ को मनाओं कि मेरा कोर्स होने तक मुझे पढ़ने की छूट दी जाए।'' पति, पत्नी की बातों को माँ के कान पर डालता है। तब माँ जान गई कि- ''यह लड़की हमारे घर में रहेगी तो माँ बेटे को दूर करेगी। इसे ही घर से निकालना जरूरी है।'' सोचकर सास ने शैला पर निक्कमी का झूठा इलजाम लगाकर मायके भेज दिया। शैला को भी इतना ही चाहिए था, कि पी.एच.डी करने का मौका हाथ से जाने न देना, समझकर वह अपने मायके आ गई। पत्नी की चिंता करते-करते पति परेशान होते रहा। इसे

देख माँ कहने लगी- ''तू उसे मिलने जाएगा अथवा फोन पर बातें करेगा, तो मैं तुझे घर में नहीं रख सकती। हो सके तो तेरी और एक शादी करती हूँ।'' माँ के इन विरोधी विचारों ने इसे पागल बना दिया था। एक-दो बार पति से मिलने के लिए गयी थी शैला, परन्तु सास ने उसे मिलने नहीं दिया। शैला के माँ बाप भी जाकर उसकी सास को समझाकर आए थे, फिर भी वह अपना तुनतुना बजाती रही। बेटी को होने वाली तकलीफ को पिता न सह सके, सो शैला को कुछ दिनों के लिए अपने धर पर रख लिया।

शैला अब अपने शोध कार्य में व्यस्त थी। मार्गदर्शक आज तक ठीक ही था परन्तु अब बहानेबाजी करके अपना रंग, बदलकर सताने लगा था। क्योंकि शैला की सास ने उसे खरीद लिया था। यह जहाँ कहीं भी सफलता की राह पर चलना चाहती थी, तो सास रोड़ा बनकर आड़े आती थी। इसके डर से मार्गदर्शक को ही बदलना पड़ा। इतनी सारी भाग-दौड़ करके शोधग्रन्थ तैयार किया गया। विषय है- ''हिन्दी उपन्यासों में नारी चित्रण।'' विभाग में शोधग्रन्थ प्रस्तुत करके सुकून की साँस लेते हुए दो दिन बिताई थी, कि कोर्ट का समन्स पोस्ट के जरिए प्राप्त हुआ। वह तो विवाह विच्छेदन के लिए डाला हुआ कोर्ट का नोटिस था। सास और पति ने मिलकर यह खेल रचा था। इसे देख शैला बिलख-बिलख कर रोने लगी। पिता, बेटी को धैर्य देते रहे। लेकिन खुद अंदर से घुटते रहे। नोटिस आए सो चौथे दिन पिता नित्य के जैसे शौचालय में गए थे, वहीं ह्रदयघात होकर गिर पड़े, किवाड़ तोड़कर बाहर निकालना पड़ा। तब तक प्राण पखेरू उड़ गया था। शैला के जीवन में यह कैसा आघात ! देखिए, अघात-पर-अघात होते ही रहे। इसके आँसू कभी नहीं थमते थे। आज-कल तो यह हर रोज आँसूओं में ही हाथ धो रही है।

माँ को मिलने वाली पैंशन से घर नहीं चल सकता था। सो कर्नाटक विश्वविद्यालय के हिन्दी विभाग में अतिथी उपन्यासकार के हैसियत से काम कर रही थी। विभाग की राजनीति ने इसे बली का बकरा बनाया और इसे निराश्रित बना दिया। फिर इसकी जगह पर एस.सी. का ही, अन्य व्यक्ति को चयनित किया गया, जो सवर्णीय और विभागध्यक्ष की चाटुकारिता करने वाला था। इस हादसे के कारण शैला के धैर्य की कमर ही टूट गई। रजिस्ट्रार, उपकुलपति सभी से मिली, मिन्नतें की- ''सर मुझे अगर काम से निकालेंगे तो मेरे परिवार के सदस्य भूखे मरेंगे। कोई तो उपाय करो और मुझे नौकरी दे दो।'' कहने पर भी किसी के कान पर जूं तक नहीं रेंगी। हताश होकर इसने निर्णय लिया कि अब जीना ही बेकार है, समझकर ढ़ेर सारी नींद की गोलियां ली और हिन्दी विभाग में जाकर बैठ गई, ताकि -''मरना है तो विभाग में मरुंगी और इन सभी अन्यायीयों को जेल भेज दूंगी।'' परन्तु विधी का

खेल देखें, इसकी अवस्था को विभागाध्यक्ष पहचान गई और फौरन अंबुलन्स बुलाकर अस्पताल भेज दिया गया। सात घंटो के बाद उसे होश आया। आँख खोलकर देखती है तो अस्पताल में खुद को पाया। फिर तो अपने नसीब को कोसने लगी फिर कुछ सहेलियाँ मिलकर घर पर छोड़ आई।

घर जाने पर देखा बड़ा भाई अपने दो बच्चों को लेकर आया था। बहन की अवस्था देखकर थोड़ा दुःख व्यक्त किया राम ने। राम शादी करके हो गया है बदनाम। इसे नौकरी से सस्पेंड किया गया था। घर न चलने के कारण पत्नी किसी के साथ भाग गई थी। बच्चों को संभालना नहीं हो रहा था। इस कारण अपनी माँ के शरण में आया था। माँ ममता की सागर होती है, इसलिए अपने सारे बच्चों को अपने पंखो के तले आसरा देकर, सभी को संभालने का प्रयत्न कर रही थी। ऐसी दयनीय अवस्था में राम शराबी बन गया और माँ को हर रोज सताने लगा। पैसे न देने पर माँ और बहन पर हाथ उठाने लगा। ऐसी दशा में जाए तो जाए कहाँ ये लोग! अपनी मर्यादा को डरकर बेटे का अत्याचार सहते रहे।

राम के बेटे को स्कूल भेजने के लिए शैला एक दिन किताबे खरीदकर लाती है। राम शराब के लिए इसे पैसे मांगता है, तो कहती है - "भइया चींटू को कल स्कूल भेजना है, इसलिए मेरे पास जितने रुपये थे, उनसे किताबे खरीदकर लाई हूँ।" यह सुनकर राम क्रोधित हो गया और कहने लगा- "मुझे शराब पीने के लिए पैसे नहीं है, इन हरामी के बच्चो को स्कूल भेजने के लिए पैसे हैं। ये मेरे बच्चे नहीं हैं। उस मुसलमान लौंडी के हैं। मैं क्यों इन्हें स्कूल भेजूं ? नहीं नहीं...।" कहकर नई किताबें उठाकर नाली में फेंक दिया। पिता की इस हरकत से बच्चे चूहों की तरह अंटी (शैला) के पीछे छिपकर बैठ गए और आहिस्ता से नाली की ओर उंगली उठाकर बताते हुए कहने लगे - "आंटी पापा ने हमारी किताबों को नाली में क्यों फेंक दिया ? बताओ ना अंती ? बताओ ना...? बताओ ना ...?"

इन मासूम बच्चों की बातों को सुनकर शैला का हृदय भर गया और उन्हें गले लगाकर जोर जोर से चिल्लाकर रोने लगी। अपने भाई पर क्रोध जताते हुए कहने लगी- "तू कैसा पिता है, क्या इन बच्चों को अनपढ़ बनाना चाहता है ? माँ तो माँ न बन सकी, किसी के प्यार में पागल बनकर बच्चों को अनाथ बनाकर चली गई। क्या तू भी इन्हें रास्ते पर लाना चाहता है ? ऐसा करेगा तो क्या होगा इनका भविष्य ?" तब राम शैला के केश पकड़कर खींचता है, वह जमीन पर गिर गई। इसके गले पर पैर रखकर जोर से दबाने लगा और चिल्लाते हुए कहने लगा - "रास्ते पर आज तुझे लाता हूँ। पति को छोड़कर बैठी है मेरे घर में, तुझे शरम नहीं आती ? तू जा, तेरे पति के घर, यहाँ क्यों रहती है ? रहना ही है तो कहीं और जाकर रह। इस घर में एक

मिनिट के लिए भी तेरे लिए जगह नहीं है। चल निकल, नहीं तो धक्के मारकर घर के बाहर निकाल दूंगा, हरामजादी...।

कटु वचनों को सुनकर शैला अपने दोनों हाथों से कान बंद कर ली।

उन बच्चों को दूर ढकेलकर, गुस्से में अपने सारे कपड़े समेटकर बैग में डालती है और उसी क्षण घर के बाहर हो गई। माँ सोलापुर जाकर दस दिन हुए थे। अब इसे सात्वना देने वाला भी कोई नहीं था। चार दिन वर्किंग वुमन्स हॉस्टल में रहने का बदोबस्त कर लिया था। पूछने पर कहने लगी - ''मन में अनेक अरमान थे। समाजसुधार तो मेरी पहली इच्छा थी, परन्तु आज मुझे ही यह प्रश्न सता रहा है कि ''जिए तो जिए कैसे ? दर बदर की ठोकरें खाते हुए फिर रही हूँ। धैर्य यहाँ कुछ नहीं कर सकता। क्योंकि बुरे लोग बहुत हैं, पैर पकड़कर खींचने वाले। ना मेरे पीछे, सत्ता का सहारा है, ना जीने का किनारा है। तो फिर मैं समाज के लिए क्या करूं ? कैसे आगे बढ़ूं ? क्या इस उपाधि को धोकर पिऊं ? आप ही बताइये, मेरी भूख मैं कैसे मिटाऊं ? मन में विचार आता है कि किसी के घर में चौका बर्तन का काम करके जीऊं। परन्तु जब वे मेरा नाम ''डॉक्टर शैला'' सुनेंगे तो क्या मुझे काम पर रखेंगे ? फिर इस डिग्री का मेरे जीवन में क्या उपयोग होगा ? कोई उपाय नहीं सूझता। चाटुकरिता करने वाले, शराबी, गिरे हुए इन्सानों के बीच आखिर जीए तो जीए कैसे ?''

मेरा अस्तित्व

रसोई घर से पट्, पट्, पट्-सी जोर की आवाज आ रही थी। गैस का चूल्हा जल रहा था। एक तरफ रोटी बनाने का तवा गरम करने के लिए रखा गया था। दूसरी बाजू में दाल उबल रही थी। बर्तन का मुँह बंद करने के कारण, अपनी ताकत लगा-लगा कर भाँप रुक-रुककर वर्तन के बाहर निकलना चाहती थी परन्तु बंद किया हुआ बर्तन भाप को अपने ही आधीन रखने का कार्य कर रहा था और झट से मुख बंद कर लेता था। इस प्रक्रिया को निहारने वाली रूपा चिंता की गर्मी के कारण पसीने से तर हो गई थी। गर्मी के दिन थे, सो हवा गरम चल रही थी। पंखे भी इमानदारी से गरम हवा फेंक रहे थे। उनका कहना था कि - ''हम कहीं से कुछ नहीं लेते, यहीं का लेते है और यहीं वापस देते हैं। हवा ही गरम है, सो हम भी गरमी दे रहे हैं।'' रूपा पंखे पर नाराजगी जताते हुए अपने नाक-भौं सिकोड़ रही थी। इसके तन-मन गर्मी की लपटों से मुरझाने लगे थे।

इस सुंदर बाला को देखे हुए लोगों ने, अब इसे देख, सोचते होंगे कि ''क्या यह वही कॉलेज क्वीन है ? जो कॉलेज मे पढ़ते समय फैशन के कारण इसकी सुंदरता में चार चांद लग जाते थे।'' उस कॉलेज में रूपा नाम तो सभी के जिव्हा पर नर्तन करते रहता था। इसकी सुंदरता की आभा, प्रतिभा की प्रभा ने सभी को आकर्षित किया था। जब वह किम्स मेडिकल कॉलेज हुबली में पढ़ती थी, प्राचार्य से लेकर सेवक तक सभी इसके संस्कारो ं की प्रशंसा करते हुए नहीं थकते थे। इसकी पोशाक एकदम साधारण, परन्तु विचार अति महान होते थे। उन महान गुणों के कारण ही आज ''हृदय तज्ञ'' बनी है। इसकी अपनत्व भरी बातें सुनने के लिए सभी सहकर्मियों के हृदय में प्रेम के बादल मंडराते रहते थे। लेकिन वर्षा का रूप कुछ के हृदय लेते थे। प्रशासन बड़े अच्छे ढंग से चलाती थी। इस कारण संपूर्ण जिले की जनता की ओर से सम्मान के साथ पाँच लाख की राशी भी दी गयी थी। यह सब देखकर रूपा 'फूले न समा रही थी'। आनंद से मुस्कुराते हुए सोचने लगी—

''क्या एक दलित नारी भी इतनी सम्मान योग्य हो सकती है ?'' दूसरा मन कहने लगा- ''योग्यता तो सभी के पास होती है। अवकाश न मिलने के कारण हम आगे नहीं बढ़ सकते। आवाज सुनना चाहिए अपने दिल की, क्या ताकत इसमें समाई है ?'' सोचते सोचते कहीं खो गई और आँखों के सामने एक भयानक सपना मंद गति से चलने लगा - अतीत में दलितों का नारकीय जीवन का भयावन वातावरण नजरों को नोचने लगा। हृदय को हिलाने लगा, दिल को डराने लगा, गरीबों की भूखमरी, नारियों पर अत्याचार, भुखों, हाहाकार, ऐसे भयानक जीवन जीने वाले गरीबों के नजारों ने रूपा के रौंगटे खड़े कर दिये। झिड़कियाँ आने लगीं। फिर धैर्य बांधकर मन को तस्सली देने लगीं कि- ''वह सब पहले था परन्तु आज वही दलित मेरे जैसे अधिकारी बने हैं, सम्मानयोग्य बने हैं। यह सम्मान हमारा नहीं, बल्कि भीमबाबा का है।''

राजेश्वरी, रूपा के चेंबर में आकर पाँच मिनट हो गए थे। अपलक देखते हुए अपनी हृदय शीला को खूब निहार लिया। फिर भी रूपा की नजर इसकी ओर नहीं गई। इन्तजार करके राजेश्वरी कहने लगी -

''हे रूपा कहाँ है तू ? किस सपने में खो गई है ? अरे भाई, हमें भी थोडा बता दो ना, हम भी तो मजा लेंगे। बोल, बोल दिन-दहाडे क्या सपना देख रही थी? लोग रात की नींद में सपने देखते हैं, परन्तु मेरी दिल-ए-जिगर खड़े-खड़े और दिन में ही सपनों के तारें देख रही है। कहीं कोई नया तारा जमीन पर आने वाला है ? आँ ... -आँ ... बोल कोई खुशखबरी। ये बता तो सही, कितने महीने हो गए ? बता ना यार प्लीज।''

रूपा - ''हाँ ! क्या गजब, क्या आसमान से टपकी, कब आयी ? ना कोई संदेश, ना कोई पत्र? अचानक कैसे आना हुआ।''

राजेश्वरीः- ''देख यार, पहले माफी चाहती हूँ, क्योंकि हमने आने से पहले तुझे कोई मॉसज नहीं दिया। हम पूरे सात सहेलियाँ आए हैं, जो आठवीं सहेली तुझे मिलने। तेरा प्रशासन देखने आये हैं। सुना है जिले में ही सम्मान योग्य बनी है। कुछ दिन तेरे साथ रहकर खूब मजा लूटेंगे। संपूर्ण कर्नाटक का प्रवास करेंगे और ढ़ेर सारी यादें साथ ले चलेंगे। वादे और इरादे सब भूलकर विद्यार्थी जीवन को फिर दिल में उतारेंगे। बोल तू भी हमारे साथ आएगी ना।'' कहने पर रूपा कहने लगी -

''अरे यार, कैसी बातें करती है। मुझे एक मिनट की फुर्सत नहीं है। कैसे भला तुम्हारे साथ आ सकती हूँ ? कल जो आँपरेशन कैंप लगने वाला है, उसकी तैयारी में दिन-रात काम कर रहे हैं। सर्जन होने के नाते सारी जिम्मेदारी मुझ पर ही है। मैं आप लोगों की व्यवस्था कर दूंगी, निश्चिन्त घूमकर आइएगा। जहाँ कहीं जाएंगे मुझे

सूचना देते रहना। मैं वहाँ के जिला स्वास्थ्य केन्द्र से संपर्क करके तुम्हारे ठहरने का प्रबंध करवा दूंगी।'' इतना सब सुनने के बाद राजेश्वरी कहने लगी -

''खैर वह सब तो ठीक है। तुम पति-पत्नी कैसे हैं।'' दीर्घ स्वास लेते हुए रूपा उसकी ओर देखकर कहने लगी - ''राज, तुझसे क्या छिपाना है, तू अकेली ही मेरी हमदर्द है। पहले से तू अकेली सहेली मेरे दुःख, दर्द में सदा भागी होते आयी है। क्या बतांऊ, मेरे जीवन की कहानी! कितना फूंक-फूंककर कदम रखने पर भी कोई-न-कोई दोष मेरे सिर पर लादा जाता है सास के ताने, पति की शक भरी दृष्टि से तो मेरा जीना हराम हो गया है। मैं अधिकारी कार्यालय में होगी, परन्तु घर में चपरासी से भी बेकार समझा जाता है। पति ने मेरे जीवन को उबारा है, पढ़ाकर इस काबिल बनाया है। इसलिए उन्हें एक क्षण भी आँखो से नहीं उतारती। परन्तु वे बड़े संकुचित बन बैठे हैं। समझ में नहीं आ रहा है, क्या करूं ? उन्हें लगता होगा कि मैं उन्हें नजरों से गिराऊंगी, परन्तु ऐसा नहीं है। मैं अधिकारी ऑफिस में हूँ, घर में तो इनकी सेवा में पलक पावड़े बिछाई रहती हूँ। ऑफिस से जब घर के लिए रवाना होती हूँ तो अपने आप को एक पत्नी और माँ के रूप में ढालकर ही आती हूँ। हमारा घर आने का कोई समय नहीं होता। फिर घर से भी समय-बे-समय अस्पताल जाना पड़ता है। कोई इमर्जेन्सी केस आ गया, तो नींद हराम हो जाती है। बाहर निकलते समय बेटी प्रतिज्ञा बहुत रोती है। सास उसे सही ढंग से नहीं सभांलती, ना उसे सही समय पर खाना खिलाती है। बेटी सूखकर दुबली हो गई है। (आँखो में आँसू लाते हुए) इसलिए बेटी मेरे रहने की अपेक्षा करती है। मुझे अनेक लोगों से मुलाकात करना होता है। मैं एक जिले की अधिकारी होने के नाते सभी के साथ बातें करना पड़ता है। कैंप के समय अति मग्न होकर काम करते रहती हूँ मेरे साथ मेरे असिस्टंट कभी-कभी आते रहते हैं। मेरे पति महोदय ने एक-दो बार इनके साथ मुझे काम करते देखा है, तब से मेरे साथ ठीक से बातें नहीं करते। जब कभी मेरी कोई समस्याए उनके सामने रखती हुँ तो कहते हैं - ''है ना तुम्हारा असिस्टंट, उसकी ओर से काम करवा लेना। वह सब कुछ करेगा, मेरा क्या...? कहकर व्यंग्य बाण चलाते रहते हैं। मेरे कलेजे पर तब छूरी चली सी वेदनाएँ होने लगती हैं बेटी पर कोई नई वस्तु दिखाई देने पर सदा प्रश्न करते रहते हैं कि - ''यह चीज नई दिख रही है, कब लाई हो। मुझे बताया तक नहीं, आँ...आपका काम करने के लिए बहुत सारे असिस्टंट हैं, उन्होंने ही लाकर दिया होगा।'' वह वस्तु तो वे ही लाते हैं, उन्हें याद नहीं रहती, मैं याद दिलाने पर कहते हैं, कोई बात नहीं, पहले बताना चाहिए था, रहने दे। कहकर निश्चिन्त हो जाते हैं परन्तु मेरे मस्तिष्क में चिंता का बीज बो देते हैं। मेरा फोन एंगेज आने पर अनेक बातें सुनाते हैं ? वापस मैं उनको फोन लगाने पर फोन ही नहीं उठाते। ऐसे समय में मैं

नाराज हो जाती हूँ और दिनभर काम में मन नहीं लगता। मैं अनेक लोगों की समस्याओं को सुलझाने वाली, मेरे ही घर में संशय का भूत घुस गया है। इसे कैसे छुड़ाना, पता नहीं चल रहा है। कभी-कभी सोचती हूँ कि सती सावित्री बनकर जी रही हूँ, क्या इसका यही फल है ? मैं एक अधिकारी हूँ, मेरे पास अधिकार चलाने की ताकत भी है और ज्ञान भी। इसका सहारा लेकर उन्हें ठीक कर सकती हूँ, परन्तु घर की बात बाहर जाएगी समझकर चुप होती हूँ। मेरे अधिन सारे जिले के अधिकारी काम करते हैं। यह बात सिर्फ ऑफिस तक सीमित रखती हूँ। यह देखकर मैंने कभी मेरे पति को गुलाम बनाने का नहीं सोचा। उनका अधिकार और सम्मान उन्हें देते आयीं हूँ, क्योंकि पहले से मुझमें भारतीय आदर्श नारी के गुण हैं। इस पवित्र धरती पर अनेक मेरी माँ बहनें अपने पति को ही परमेश्वर मानकर पूजती हैं। उनके भरोसे पर ही जीवन चलाती हैं। चाहे वह अयोग्य क्यों न हो। हम पतिदेव के अत्याचार को सहते आयी हैं। आज वही पति नामक प्राणी, परमेश्वर के जगह बनाये रखने के बजाय शनिश्वर बनते हैं, तब हमें भी चंडी-चामुन्डा बनकर जीवन को बचाए और बनाये रखना पड़ता है। मैं हर बार उन्हें सुधारने का प्रयत्न करती हूँ, लेकिन उसका उलटा ही अर्थ निकालते हैं। हम पढे-लिखे ज्ञानी नारियों के जीवन में ही ऐसी समस्याएँ दिखाई देती हैं, तो अपढ़ गरीब लाचार, मजबूर बहनों की जिंदगी कैसी चलती होगी ? उनका कौन सुनता होगा, बेचारी ...।'' अरे मैं तो तेरे सामने उपन्यास बताना शुरू किया, सॉरी - सॉरी बता तू कैसी है। ''ओ अबदुल्ला, जरा चाय लाना'' - चाय पीकर राजेश्वरी बताने लगी - ''देख तेरे घर की कहानीं ही कम-ज्यादा मेरे घर में भी चलती है। कहते हैं ना, 'सभी के घर के दोशे को सुराख ही होते हैं।''

रूपा, मुझे बार-बार यही प्रश्न सताया करता है कि ''आखिर हमारे ही घर में हमारा क्या अस्तित्व है ?'' घर का सारा काम करके, जल्दबाजी में नौकरी के लिए निकलती हूँ तो सास कोई-न-कोई शिकायत निकाल बैठती है। गुस्सा बहुत आता है, कम करने के लिए आँसू बहाकर चुप हो जाती हूँ। यह सब कुछ पति देखकर भी चुप हो जाते हैं। क्योंकि आदर्श बेटा बनना चाहते हैं, पत्नी जाए भाड़ में। कुछ नहीं कहते अपनी माता को। माता की सेवा हम करें और आदर्शपन उन्हें प्राप्त होना, देखो तो कैसी नीति बनाकर रखी है पुरुष समाज ने। क्या सास को पता नहीं होना चाहिए कि वह भी कभी बहु थी। काम करने वाली नारी की क्या दशा होती है ? यह समझने के बजाए उल्टा और परेशानियो में डालते रहती है। इस देवी की बातों की चिंता करते-करते कार्यालय पहुंचने तक देर हो जाती है। वहाँ भी गालिंया सुनना पड़ता है। ऐसी मेरी जिंदगी है रूपा।'' दोनों के आँखो से आंसू निकलने लगे। रूपा अपने आसू पोछते हुए कहने लगी-

''रहने दे बीती बातें, अब तो जरा सुकून से पर्यटन कर आओ।'' कहकर रूपा अपनी सहेली को बाहर तक छोडकर वापस अपने चेंबर में आकर बैठ गई। अपने आप में मग्न रूपा, कक्ष की चारों ओर नज़र दोड़ाते हुए मन में वही प्रश्न लिए - ''घर में हमारा क्या अस्तित्व है ?''

''मैडम घर कब निकलना है ? रात के आठ बज रहे हैं।''

ड्रायवर अबदुल्ला कक्ष में प्रवेश करते हुए कहने लगा। आवाज सुनकर रूपा का एकांत टूट गया, परन्तु मन में प्रश्न जैसे के वैसा अपना विषैला कार्य कर रहा था। थका हुआ शरीर, मुरझाया हुआ मुख लटकाकर रूपा घर जाने के लिए कक्ष से बाहर आ गई। सारा कार्यालय विद्युत दीपों से जगमगा रहा था। मौन, शांत वातावरण में सन्नाटा फैल गया था। कक्ष से बरामदे में एक-एक कदम आगे बढ़ाते हुए रूपा कार की ओर बढ़ रही थी। हर कदम का साथ देते हुए ह्रदय भी जोर से धड़कने लगा था। मन व्याकुल, नाराजगी, जिंदगी को लेकर सोचने लगी - ''घर पर फिर वही अशांती, कितनी अच्छी है यह कार्यालय की शांति, इसे छोड़ कैसे जाऊं, उस नरक में। आज के बाद उस घर से मुक्ति पाना ही बेहतर है। बाजार में सब्जी के बहाने उतरकर अब्दुल्ला को भेज दूंगी और वहीं कहीं नज़दीक कोई कुआं-तालाब देख लूंगी। परन्तु बेटी का क्या होगा ?'' धुंधली सी प्रतिमा आँखों के सामने आने लगी। रूपा नजरें उठाकर देखने लगी, आँखें मलते हुए गौर से देखते हुए रूपा कहने लगी- ''हाँ, प्रतिज्ञा यहाँ कैसे ?'' दो कदम आगे बढ़ते हुए -

''बेटी तुम कब आयी, कौन लाया तुझे ? दूर क्यों भाग रही है, आजा मेरे पास, उधर अंधेरा है।'' कहने-कहने तक वह प्रतिमा आँखो से ओझल होते हुए माँ की ओर बाहें फैलाते हुए कहने लगी - ''मम्मी मैं कहाँ हूँ, ढूंढोगी मुझे। तुम नहीं ढूंढो तो मैं अंधेरे में छिप जाऊंगी, कभी वापस नहीं आऊंगी।'' बेटी की आवाज सुनकर, रूपा घबराकर पसीने से भीग गई, होंठ हिलने लगे, रूदन सी आवाज में कहने लगी- ''हाँ बेटी आयी'' - कहकर जोर से चिलाने लगी। अब्दुल्ला पीछे से बैग लेकर दौड़ते आकर पूछने लगा - ''क्या हुआ मैडम, आप किसे बुला रहे थे।'' तब रूपा व्याकुल होकर, सारा दर्द भूलकर अब्दुल्ला से कहने लगी -

''चलो अब्दुल्ला, मेरी बेटी मुझे पुकार रही है। मुझे जल्दी घर ले चलो, हाँ घर ले चलो, मुझे घर जाना है हां! हां! मुझे घर जाना है।''

मन परिवर्तन

सविता :हॉलो !.. हॉलो...अलोक भइया। मैं सविता तिवारी बोल रही हूँ कैसे हैं? मैं बढ़िया हूँ कहाँ हैं फिलहाल...हाँ जी, हाँ मैं आ रही हूँ मैसूर। क्या कहा ? सुनाई नहीं दे रहा है। अब, अब हाँ जी मैं मैसूर आ रही हूँ।

अलोक : मैडम मैं तो फिलहाल बंगलोर में हूँ। परीक्षा के कार्य से आया था, सो अभी दो दिन का काम बाकी है। इसे निबटाकर ही मैसूर आना चाहता था परन्तु कल की मीटिंग में हाजिर रहना भी जरूरी है, इसलिये आज शाम की गाड़ी से मैसूर के लिए निकल रहा हूँ।

सविता : (अलोक की बात बीच में ही काटकर बताती है) मैं सिकंद्राबाद से निकलने वाली सुबह की ट्रेन पकड़कर मैसूर के लिए रवाना होती हूँ, आप भी मेरी ट्रन को क्याच कीजिए ना प्लीज ! दोनों साथ में मैसूर पहुँच जाऐंगे, तो ठीक रहेगा।

अलोक : (अनमना-सा होकर कहता है)-मैडम क्या कोई महत्वपूर्ण काम है?

सविता : काम तो कुछ नहीं है, परन्तु आपको मेरे जीवन के कुछ महत्वपूर्ण प्रसंगो को बताकर मेरे मन, हृदय का बोझ हलका करना चाहती हूँ। इस दर्द को मैं अब सह नहीं सकती। आप सोचते होंगे कि मेरे मन की बातें आपको ही क्यों बताना चाहती हूँ ? है ना ....? क्योंकि आपको मैंने अपना भाई... मान लिया है इसलिए ! जब से हम दोनों का परिचय हुआ है, तब से इस रिश्ते को आपने खूब निभाया भी है। आप जैसे भाई पर मुझे गर्व है। भगवान आपको लंबी उमर दे।

अलोक : हाँ, तो ठीक है। (कहकर सिकंद्राबार से आने वाली गाडी का इंतजार करते हुए वह बंगलोर के रेल्वे स्टेशन में समय बिताने लगा।)

अलोक कर्नाटक मुक्त विश्वविद्यालय मैसूर के हिन्दी विभाग के विभागाध्यक्ष हैं। साथ ही विश्वविद्यालय सुधार बोर्ड के सदस्य भी हैं। विश्वविद्यालय के सुधार को लेकर जब कभी कोई सभा या मिटिंग बुलायी जाती है, तो दक्षिण भारत के अन्य विश्वविद्यालयों के कई सदस्यों को भी बुलाया जाता है। इसी कारण सविता तिवारी,

हैद्राबाद के उस्मानिया विश्वविद्यालय से आ रही थी।

सविता तिवारी, हैद्राबाद के उस्मानिया विश्वविद्यालय के, हिन्दी विभाग में प्रवक्ता के रूप में सेवारत थी। देखने में बड़ी ही खूबसूरत थी। इसके फैशन को देखकर कई छात्र परेशान होते थे। लेकिन वह किसी की परवाह नहीं करती थी। इसका पति हैद्राबाद बैंक का मैनेजर है। पति-पत्नी की आयु में बीस साल का अंतर है। इसे एक अनमेल विवाह ही कह सकते है। क्योंकि सविता के माता-पिता की आर्थिक स्थिति ठीक नहीं होने के कारण सविता, का अधेड़ उम्रवाले महेन्द्र के साथ विवाह कर दिया था। सविता को अब सताईसवां वर्ष चल रहा है। आयु तथा बुद्धि के अंतर के कारण पति-पत्नी के विचार मेल नहीं खाते थे। किसी भी वस्तु की पसंद, नापसंद को लेकर दोनों के मन में तनाव पैदा होता था, जब कभी भी महेन्द्र, सविता के साथ दिल लगाकर बातें करना चाहता था तो सविता उससे घृणा करती थी। महेन्द्र के साथ, हंसी-मजाक करने से वह शरमाती थी क्योंकि वह महेन्द्र को अपने पिता के आयु का मानती थी और उस समय उसे अपने पिता की ही याद आ जाती थी। महेन्द्र, सविता का पति बनकर आज तक कभी उसे पति का सुख नहीं दे सका। इस कारण वह पति के मानसिक और शारीरिक सुख से वंचित हो चली थी। ''नारी, चाहे तो कुछ भी कर सकती है।'' यह विचार सविता के जीवन में खरा उतरता है। कहा जाता है, कि कोई, किसी न किसी रूप में आकर एक दूसरे के सहायक बन जाते हैं। इसी प्रकार प्रकृति की शक्ति ने गोपाल और सविता को छात्र और प्राध्यापक के रूप में एक दूसरे से परिचय करवाया था।

गोपाल इक्कीस वर्ष का सुंदर आकर्षक युवक था। इसका शरीर सुडौल बुद्धि से चतुर और इसकी समझदारी का तो कोई जवाब नहीं था। सब कुछ था, परन्तु गरीबी के भयानक प्रकोप ने इसके परिवार को कमजोर बना दिया था। इसके माता पिता कड़ी मेहनत मजदूरी करके इकलौते बेटे को पढ़ा रहे थे। गोपाल ने उस्मानिया विश्वविद्यालय के हिन्दी विभाग में एम.ए. प्रथम वर्ष में प्रवेश ले लिया था। कक्षाएँ अभी सही ढंग से नहीं चल रही थी। इस कारण, नामपल्ली के मेजस्टिक होटल में साकी बनकर काम कर रहा था, क्योंकि कमाये हुए रुपयों से पाठ्यक्रम की किताबें खरीदना चाहता था। जून का महीना था। गरमी का मौसम विदा लेते समय मानसून का स्वागत भी कर रहा था। इस कारण आकाश में बदलियाँ छाई हुई थी। कहीं, कहीं बरसात की बौछार भी हो रही थी। मौसम से थोड़ी राहत मिलने के कारण लोग सडकों पर घूम रहे थे।

अब कक्षाएँ हर रोज नियमानुसार चल रही थीं। क्लास अटेन्ड करने के लिए गोपाल हर रोज अपने घर से कॉलेज तक चार मील का फासला चलकर ही तय करता

था। इस सफर के कारण यह जीवन में मानसिक कष्ट उठाता था। यह कभी किसी के साथ मिलजुलकर नहीं रहता था, क्योंकि इसकी गरीबी ने इसे कमजोर बना डाला था। गरीबी के कारण मनुष्य की मति भी काम नहीं करती। गरीबी के कारण ही जीवन की बहुतेरी समस्याएँ भी इस पर हावी हो जाती हैं और मनुष्य मति का पंगु बन जाता है। यही स्थिति गोपाल की भी बनी थी। इसकी पानीदार आँखों को देखकर अच्छी से अच्छी लडकियाँ भी इसकी ओर आकर्षित होने के लिए प्रयत्न करती थीं। परन्तु यह बेचारा कभी किसी की ओर आँख उठाकर भी नहीं देखता था।

जब यह कॉलेज कैंपस में प्रवेश करता था, तो चार-पाँच लड़कियों का समूह मिलकर इसे चिढ़ाया करते थे और कहते थे ''हाय भोले गोपाल, अपनी गोपियो पर भी जरा प्रेम की कृपा दृष्टि डालो। हम तुम्हारा प्रेम दर्शन की प्यासी हैं।'' कहकर खिल-खिलाकर हंसती थी। इसके मन पर ऐसी बातों का कोई परिणाम नहीं होता था। इसका एक ही लक्ष्य था पढ़ना और आगे बढ़ना। फिर दलितों को सामाजिक यातनाओ से छुटकारा दिलाना। इस कारण यह अपनी राह से कभी विचलित नहीं होता था।

कॉलेज जाने के लिए घर से जब बाहर निकलता था तो सड़क पर ही अपनी निगाहें जमाये रखता था। फिर, सफर के बाद सीधा कक्षा में आकर ही अपना सर ऊपर उठाता था। हर रोज एक ही ड्रेस पहनता था लेकिन स्वच्छता उसके कदम चूमती थी। पैरों में हवाई सिलिपर पहनकर जब वह चलता था तो चट्-चट्-चट् की आवाज सुनाई देती थी और उसके चलने की गति में आत्म विश्वास की शक्ति नज़र आती थी।

एक दिन कक्षाएँ समाप्ती के बाद गोपाल रिम-झिम बारिश में भीगते हुए रास्ते पर मदमस्त चाल से चल रहा था, जल्दी घरोंदे तक जा पहुंचने के लिए। श्याम हो चली थी। सूर्य पहाड़ी के आड़ में आँख मिचौनी खेल रहा था। इन्द्रधनुष अपने दोनों छोरों को धरती पर गड़ाए डग-मगा रहा था क्योंकि, सूरज इसका साथ नहीं दे रहा था। ऐसे अधबने इन्द्रधनष्य को निहारते हुए गोपाल घर के पथ पर बढ़ रहा था। आज घर जाने के लिए काफी देर हो गयी थी गोपाल को । क्योंकि, सविता मेडम, बडी देर तक कक्षा मे हिन्दी साहित्य का इतिहास पढ़ा रही थीं। चलते-चलते गोपाल अपने भावी जीवन के इतिहास का सपना देखते हुए रास्ते पर एक-एक कदम फूंक-फूंक कर रख रहा था। अचानक एक कार चरमराते हुए रुकने की आवाज आयी। गोपाल ने पीछे मुडकर देखा तो सविता मेडम कार से उतरकर इसकी ओर बढ़ रही थी। उसे देख गोपाल पहले तो बहुत घबरा गया, फिर एक क्षण सोचने लगा मुझसे कोई गलती तो नहीं हो गई ? सो मैडम, मुझे ढूंढ़ते हुए यहाँ तक आ पहुँची है।

सोचकर गोपाल पसीने से तर हो गया। रिमझिम बारिश में भी गोपाल को पसीना आना, यह उसकी डर का द्योतक था। मैडम इसके पास आकर रुक गई। फिर भी गोपाल, उनका अभिवादन तक नहीं कर सका। क्योंकि घबराहट में उसे कुछ भी नहीं सूझ रहा था। वह केवल मैडम के मुख को ही देख रहा था। इसके ओंठ हिल रहे थें, परन्तु मुख से कोई शब्द नहीं निकल रहा था। इसकी यह स्थिति देखकर सविता समझ गई थी कि गोपाल आज तक अकेले में किसी लड़की से बात नहीं किया होगा। इस कारण शायद यह मुझे देखकर घबरा रहा है।

सविता मैडम, गोपाल से हौले-हौले बातें करते हुए कहने लगी - ''क्यो गोपाल चलते जा रहे हो ? क्या बस नहीं मिली ? तुम्हारा घर कहाँ है ?'' ऐसे ही अनेक प्रश्न करने पर वह बोल उठा -

गोपाल : मेरा घर नामपल्ली रेल्वेस्टेशन के पास है।

बात को आगे बडाते हुए सविता ने कहा -''वह तो काफी दूर है। फिर तुम्हें तो घर पहुँचते अंधेरा हो जाएगा। मैं उसी ओर जा रही हूँ, आ जाओ मेरे साथ, बैठ जाओ कार में।'' - कहकर मैडम ड्राइवर के बाजू के सीट पर बैठने के बजाय कार की पिछली सीट पर बैठ गई और गोपाल को भी पीछे अपने साथ ही बैठा लिया।

गोपाल शरमा रहा था। क्योंकि वह कभी अकेले में स्त्रियों के साथ कार में नहीं बैठा था। इसे ऐसा महसूस हो रहा था, मानो यह एक राजा है और राजरथ में बिठाकर उसकी फेरी निकाली जा रही है। यह अपने ही कल्पनालोक में खो गया था।

सविता मैडम, गोपाल को सर-से-पाँव तक निहारते हुए सोच रही थी, कितना मासूम लड़का है। इस जमाने में ऐसे गुणवान कहाँ मिलते हैं,- आदि विचारों ने उसके मस्तिष्क में हलचल मचाई थी। मन में बहुत-सी बातें करने के पश्चात्, मैडम ने गोपाल से कहा - ''गोपाल, तुझे कोई मदद चाहिए, तो आवश्य मेरे पास आना, क्योंकि तुम्हारे जैसे मेधावी और प्रवीण लड़के आगे बढ़ना चाहिए, यही मेरी कामना है।''

डूबते को तिनके का सहारा मिले तो बस है, वह जीवन रूपी सागर के सफर का तैराकी बन जाता है। ऐसा ही गोपाल ने भी मैडम के भरोसे के बल पर खूब पढ़ने और आगे बढ़ने का निश्चय किया। वह अब मन में बड़े-बड़े सपने संजोने लगा। रात में बड़ी देर तक पढ़कर, अनेक विषयों की जानकारी हासिल करने लगा। कक्षा में प्राध्यापाक जो भी प्रश्न पूछते थे, तो गोपाल झट से उठकर सब से पहले उत्तर देता था। उसके पढ़ने के उत्साह को देखकर मैडम सविता के मन में चार चांद लग गए। अब मैडम जी, गोपाल को उसकी जरूरत की पुस्तकें बड़ी खुशी से देने लगी।

सविता की आँखो में गोपाल की छवि छाने लगी थी। हृदय मंदिर में भी प्रेम

प्रवेश के आसार नज़र आने लगे थे। इस बात का किसी को पता नहीं था परन्तु मैडम मन में प्रेम भाव को लेकर अंदर ही अंदर गुमसुम गुमसुम होने लगा था। इस बात की संवेदना से दिल में भी कुछ-कुछ प्रीति की गुदगुदी होने लगी थी। उसकी याद आने पर मैडम आहे भरकर कहती थी - आहा ! गोपाल! गोपाल! ... यह ध्वनि किसी को सुनाई नहीं देती थी। बस मन के दोनों रूप जानते थे और एक दूसरे से कहते थे- ''हमारी मालकिन को अब गोपाल से प्यार होने लगा है, हा-हा प्रीतम के प्रेम की पीर जो जाणे, सो पावन होय। देखो यह जीतेगी।'' दूसरे ने कहा- ''हारेगी-'' कहकर दोनों झगड़ने लगे थे।

मैडम सविता अब हर रोज गोपाल के घर की ओर से ही कार-लेकर कॉलेज जाने लगी थी। कभी कभार गोपाल रास्ते में मिल जाता था, तो उसे भी साथ में लेकर चलती थी। कुछ दिनों के पश्चात् मैडम ने गोपाल से पूछा - ''गोपाल, क्या तुम्हें कार ड्रायविंग आती है ?'' यह सुनकर गोपाल कहता है - ''ड्रायविंग सीखने की बड़ी ख्वाइस थी, परन्तु रूपयों के अभाव से नहीं सीख सका मैडम !''

मैडम - (अपनी दूरदृष्टि मन में रखकर) ''गोपाल मैं तुम्हें ड्राइविंग स्कूल में प्रवेश दिलाती हूँ, लेकिन मेरी एक शर्त को मानना पड़ेगा।'' गोपाल उसके विचारों से सहमत हुआ। शर्त थी ''ड्रायविंग सीखने के उपरान्त वह मैडम की ही कार चलाएगा।'' साथ में पढ़ाई भी होगी और खर्चे के लिए पैसे भी मिलेंगे। मैडम कहती है कि- ''हो सके तो तुम मेरे बंगले पर भी रह सकते हो क्योंकि मेरे घर पर कोई पुरुष नहीं है। मेरी बूढी सास और मैं, दो ही रहते हैं। आजकल मेरे पति पंजाब में रहते हैं। घर की देखभाल भी होगी, हमें धैर्य मिलेगा और तुम्हें इसके बदले में पैसा। बोलो मंजूर है ?''

यह सब सुनकर गोपाल का मन ललचाकर लपलपाने लगा था। फिर उसके मन में शंका भी होने लगी थी कि- ''क्या मैडम, इतनी सारी सुविधा देकर,मेरी मदद करके अपने घर में रख लेगी ? वे बड़े लोग हैं, कार में घूमते हैं। यदि मेरा स्वाभाव पसंद न आया, और मुझे घर, से निकाल दिया तो ...?'' आदि विचार इसे सताने लगे। इसे यकीन नहीं हो रहा था, मैडम की बातों पर, परन्तु मैडम जो ठान लेती सो करनी में बदल देती थी। इसके बदौलत ही गोपाल ने ड्राइविंग सीख लिया।

मैडम की कार अब गोपाल ही चला रहा था। कार चलाते हुए वह कैम्पस में प्रवेश करता तो छात्र-छात्राएं गोपाल की ओर आश्चर्य से देखने लगते थे और मन में कुड़कुड़ाकर कहते थे - ''देखो तो हमारी तरफ देखता भी नहीं। किसी ने सच ही कहा है - 'दरिद्र गया दरिया में तो शंख लाया हाथ में'। कितना घमंड आया है, देखो-देखो।'' अब तो गोपाल का रहन-सहन भी बदल गया था। इसलिए उसके सारे

सहपाठी इस पर जलने लगे थे। हर रोज एक ही ड्रेस पहने वाला लड़का अब नये नये ड्रेस पहनकर आने लगा था। स्लीपर पहनने वाला, अच्छे खासे ब्रान्डेड कंपनी के शूज पहन रहा था। इसके जीवन में आये हुए परिवर्तन को देखकर सारे लोग दातों तले उंगली दबा रहे थे। एक दिन कुछ लड़के मिलकर गोपाल के पास आकर कहने लगे - "क्या भाई गोपाल, आपके माँ-बाप ने आपका बड़ा ही सुंदर नाम रखा है। आजकल आप तो कार में घूम रहे हैं। ऐसा लगने लगा है, आप ही कार के मालिक, फिर मैडम ...? तुम्हारा तो रंग-ढंग ही बदल गया है। सही मायने में तुम आधुनिक कृष्ण बनने के काबिल हो दोस्त, मौका जाने न देना हाथ से, हाँ! हाँ! हाँ!" कहकर छात्र इसे सताया करते थे। ऐसी बातें सुनकर, इन दबंगो के मुंह लगने के बजाए, गोपल नीचे मुंडी डालकर वहाँ से जगह खाली करता था।

एम. ए. प्रथम वर्ष की परीक्षा में गोपाल ने विश्वविद्यालय में सब से अधिक अंक हासिल किया था। यह देख सविता मैडम को बहुत खुशी हुई थी। गोपाल की विद्वता पर वह फूले न समा रही थी। मैडम के मन में गोपाल अब पूर्णरूप से घर कर गया था। वह सोचने लगी थी - "इतना नेक, मेहनती, इमानदार, खूबसूरत लड़का मुझे कहाँ मिलेगा ? गोपाल को क्यों न मैं अपने प्रेमजाल में फंसा लूँ।" सोचकर सविता अपना प्रेमजाल गोपाल पर डालने लगी। गोपाल भी निसहाय कबूतर की भांति उसके मोहजाल में फंसकर फड़फड़ाने लगा। इसे क्या विधि का खेल कहें या जवानी का मेल, कुछ समझ में नहीं आ रहा था। दोनों एक दूसरे को दिलोंजान से चाहने लगे थे। दोनों अब सोच रहे थे कि हम तो एक दूजे के लिए बने हैं।

समय बीतता गया, पता ही नहीं चला। आज तक मैडम ने गोपाल की ओर से बहुत सारे काम करवा लिए थे। इसकी जो कुछ भी, इच्छाए थी गोपाल से तृप्त कर ली थी। अब तो मैडम, दृढ निश्चय कर चुकी थी कि गोपाल के साथ रजिस्टर मॅरिज कर लें और अपने पति को डैवर्स दे। इस विषय को लेकर, मौका पाकर सविता, गोपाल से पूछती है -

"गोपाल मैं तुम्हारे साथ रजिस्टर मॅरिज करना चाहती हूँ।" गोपाल पहले तो खुश होता है कि अपना भविष्य सुधर जाएगा, समझकर हाँ कहना चाहता है। फिर एक क्षण रुककर, सविता से प्रश्न पूछता है - "मैडम मुझे भी कहीं आपके पति को छोड़े जैसा छोड़ दिया तो, मेरा क्या होगा? मैं कहीं का नहीं रहूँगा। हम गरीब हैं जरूर, परन्तु इन्सानियत को महत्व देते हैं। अगर आपने मेरे साथ विवाह रचने का ठान लिया है - तो मैं आपसे वादा करता हूँ, मेरे खून का एक-एक कतरा तुम्हारे सुख और आनंद के लिए खर्च करूंगा। जीवन की अंतिम सांस तक तुम्हारा साथ निभाऊंगा, यह मेरा वादा रहा, परन्तु...।"

मैडम : परन्तु क्या, बताओ भी प्लीज....।

गोपाल : ''मैडम मैं आपसे विवाह करने के लिए सहमत हूँ, परन्तु क्या आप मेरे बारे में सब कुछ जानती हैं ?''

मैडम : ''हाँ मैं जानती हूँ, तुम सुंदर हो, होशियार हो, मुझे चाहते हो और क्या चाहिए इससे ज्यादा, बताओ गोपाल ?

गोपाल : मैडम मैं किस जाति का हूँ, आपने मुझे कभी पूछा ही नहीं। आज मैं ही आपको बता देता हूँ, क्योंकि भारत में जाति को महत्व दिया जाता है, व्यक्ति की योग्यता और प्रेम को नहीं। फिर हम भावुक बनकर, गलतफहमी में नहीं रहना चाहिए। मैं तो तुम्हें दिलोंजान से चाहता हूँ। अगर तुम्हें नहासिल किया तो मैं क्या बनता हूँ, मुझे नहीं पता। खैर, आगे जो होगा- सो देखा जाएगा। मैं एक सच्चा प्रेमी हूँ, इसलिये मेरी प्रेमिका को कभी भ्रमित नहीं करुंगा। सदा सत्य बताते आया हूँ, अब भी बताने जा रहा हूँ, मैडम, मैं भंगी हूँ।

मैडम : हाँ ... क्या कहा ? - यह सुनकर मैडम के कान सुन्न पड़ गए, उसे अब कुछ सुनायी नहीं दे रहा था। इसे ऐसे लगने लगा था कि वह अब तक नशे में सब कुछ कर चुकी है। अब तक वह गहरी नींद में सोई थी, उस भ्रम की नींद से हड़बड़ाकर उठी तो उसके तन बदन में क्रोध का ज्वालामुखी फूट पड़ा, वह आग बबूला हो गई थी। फिर भी खुद को संभाला और अपनी की हुई गलती पर पछताने लगी। बड़ी कठिनाई से मन को वश में करके मुस्कुराकर कहने लगी - ''गोपाल, मैं तो तुम्हारी परीक्षा ले रही थी। सच में तुम कितने इमानदार हो, 'जिस घर का नमक खाते हो, वहाँ कभी धोखा नहीं देते हो। किसी ने सच ही कहा है, अगर कहीं इमानदारी और देशभक्ति बची हुई है तो वह गरीब और किसानों के मन में। परन्तु क्या करूं, मैं मजबूर हूँ। मैं क्या करूं ? कहकर द्वन्द्व मन में फंसकर परेशानी से धड़ाम सी जमीन पर गिर गई।

मैडम की बातें सुनकर गोपाल को जरा शक हुआ, लेकिन प्रेम भावों से पगला गया और सोचने लगा, वह ऐसा नहीं कर सकती, धोखा नहीं दे सकती। परन्तु सनातनी विचारों ने मानवता की जड़ों को ही हिला दिया है और सत्य का सर्वनाश हो गया है। इन पोंगापंथी विचारों से यही संकेत गोपाल को भी मिल रहे थे। प्यार होता है, यह सबने है जाना, परन्तु गोपाल यह सब कुछ जानकर भी बन गया दिवाना।

एम.ए. द्वितीय वर्ष की परीक्षा दो महिने बाद होने वाली थी। मैडम अपने घर की कुछ दिक्कतों का बहाना बताकर, गोपाल को अपने घर पर रहने से मना करती है। साथ ही ड्राइवर की नौकरी से भी निकाल देती है। आहिस्ता-आहिस्ता दोनों के बीच दूरी बढ़ने लगी। यह देख इससे गोपाल चिंतित होने लगा। मन में सोचने लगा

- "मैडम, प्रेम तो अंगुली और आँख का संबंध रहे जैसा होता है। जब अंगुली में दर्द होता है तो आँख में आँसू आते हैं। जब आँखे रोती हैं, तो अंगुली उसे साफ करके सांतवना देती है। हमारा हृदय बंधन भी ऐसा ही है ? इन्हीं विचारो ने गोपाल को तन और मन से कमजोर बना दिया, इस तरह सोच में डूब गया। यह तो दिल में लगी हुई प्रेम की आग थी, भला कैसे इतनी जल्दी बुझ सकती है। यह दिल्लगी थोड़े ही है ? गोपाल न ठीक से खाता है, ना पीता है, ना जागता है, ना सोता है। ऐसा होने पर पढ़ाई कैसी होगी। ज्वर भी आने लगा, होठ सूखने लगे, आँखों के नीचे गहराई बढ़ने लगी। मुख पर दाढ़ी भी बढ़ी है, ऐसी ही दशा लेकर गोपाल विभाग जाकर कक्षा में बैठ जाता था। सभी छात्र चले जाने पर, वह अकेला ही श्यामपट को निहारते रह जाता था। इसकी यह स्थिति देखकर मित्र भी बोल उठे -"क्यों मजनू, क्या हाल बना रखा है ? लैला खो गई है

क्या ? जा-जा, कहीं मरूभूमि में रेत बीन रही होगी तेरे नाम पर, जा ढूंढ उसे, पागल कहीं का हाँ... हाँ... हाँ... !!! पागल।" ऐसी बातें सुनकर वह क्रोधित होता था। परन्तु क्रोध किन पर बरसाता, बस इसे निगलकर चुप हो जाता था। वही क्रोध की ज्वाला आँखो में उतर जाती थी और आखें लाल-लाल आग की अंगारे बनकर बरसने लगती थीं। ऐसा लगता था मानों अब आँखो से खून की बूंदे टपकने वाली हैं। ऐसी दशा में ही निगाहें किताबों की पंक्तियों पर एकाग्र करना चाहता था, परीक्षा में पास होने की आशा से। लेकिन .....गोपाल एम.ए द्वितीय की परीक्षा में साधारण पास हो गया। यह देखकर गोपाल के मन को बड़ा आघात पहुँचा। वह मन ही मन सोचने लगा - "मैं तो मैडम को मेरा जीवन सुधार करने वाली देवी समझा था। परन्तु उसी ने मेरा जीवन बर्बाद कर दिया। क्या मेरी जाति के कारण मुझे ऐसी सजा दी गई है। जाति तो जन्मजात तोहफे में दी गई निशानी है। मैं थोड़ा ही इसे माथे पर चिपकाकर लाया था। जाति हमने ही बनायी है। फिर जानवरों में यह सब कुछ नहीं दिखता। क्या जानवर यहाँ के मनुष्यों से बेहतर नहीं हैं ? क्या मेरी जाति के कारण ही मुझे यह सजा दी गयी है ? मैंने किसी जाति को नहीं माना, माना तो सिर्फ मानव जाति को मानकर ही मैडम की सारी बातों पर हाँ भरी थी। उनकी सहायक और उदार भावनाओं को देखकर, मैं उनके शरण में गया था। फिर एक प्राध्यापिका होकर, उन्होंने पहले क्यों नहीं सोचा मेरी जाति के बारे में। अगर जातिवाद को मानने वाली थी, तो मेरे साथ सारी रासलीला क्यों खेली उसने ?

ये लोग अकसर गरीबों के मेधावी विद्यार्थियों को फंसाते रहते हैं। इसलिए शायद डॉ. अम्बेडकर को भी इसी तरह फंसाया गया होगा। यह तो उच्चवर्गों की नीति है कि - "कमजोरों को कुचलो और खुद ऊपर आओ। - जिस तरह बड़ी मछली

छोटी मछली को निगलती है, जिस तरह सुअरी अपने बचों को ही खा डालती है, इसी तरह यह लोग भी हमारी जिंदगी को खा डालते हैं। फिर इनमें और प्राणियों में क्या अंतर रह गया।'' इनकी नीति यही बनी है कि गरीब मासूमों को फुसलाओ और उनका उपयोग करो, जब उनसे काम नहीं होगा, तो उन्हें गाजर की पुंगी की तरह तोड़ डालो और चबाकर निगल डालो।'' वाह रे ब्राम्हणवाद, मनुष्य को मनुष्य नहीं समझता, फिर कहाँ गई वह तुम्हारी वाद भरित स्वाद बातें ? ब्राम्हण तो शुद्ध, पवित्र मन वाला, निष्पापी, ज्ञानी, बोध देने वाले व्यक्ति को कहा जाता है। फिर आप कैसे ब्राम्हण हैं? एक गरीब की जिंदगी बरबाद करने वाले ? धिक्कार है ऐसे ब्राम्हणों का - कहकर गोपाल युनिवरसिटी छोड़कर चला गया और नक्सलैट के समूह में जाकर शामिल हो गया। अब यह प्रेमवादी न रहकर, आतंकवादी बन गया।

श्याम के चार बज रहे थे। सिकिंद्राबाद से आने वाली हैद्राबाद-बंगलोर ट्रेन बंगलोर स्टेशन में आ पहुँची थी। यही गाड़ी आगे मैसूर भी जाती थी सो अलोक, सविता बैठी हुई बोगी नं. चार में ही चढ़ गया। दोनों ने एक दूसरे को देखकर अभिवादन किया। कुशल-मंगल बातें होने के पश्चात्, सविता ने अपनी सारी कहानी अलोक से सुनायी। यह सब सुनकर अलोक उसे सांतवना देते हुए कहता है -

''मॅडम बीत गई, सौ बात गई, कभी न आयेगी वह बहार। गरीबों का भी आयेगा समय एक बार, उस बार हम खूब मनाएगे त्यौहार।'' आंइदा ऐसा किसी के साथ मत करना, वर्ना उनका जीवन हो जाएगा बेकार। एक मेधावी लड़के को आपने राह से भटकाया और आतंकवादी बनाने के लिए मजबूर कर दिया। शायद वह भविष्य में हमारे देश का नेता बन सकता था, परन्तु आज उसका जीवन बर्बाद हुआ है। इसके लिए कौन कारणिभूत है ? - जरा सोचिए। अभी भी आप इस हादसे को मोड़ दे सकती हैं। जाति बड़ी नहीं होती, मानवीयता बड़ी होती है। सोचो, जरा गौर से सोचो, निश्चित ही तुम इस समाज को बदल सकोगी, समाज से डरकर भागो नहीं, बदलो इस दुनिया को। सामाजिक नियमों के लिए हम नहीं हैं, हमारी सुविधाओं के लिए वे सारे नियम बनाये गए हैं। हमारे जीवन को ढालने के लिए जो नियम नीतिपरक खरा नहीं उतरता, उसे उखाड़ फेंको और तुम ही एक नया नियम बनाओं ताकि आने वाली पीढ़ी तुम्हारे विचारों का अनुसरण करें और उन तत्वों के आधार से जातिवाद को मिटाएँ।'' यह सुनकर सविता चिंतित हो गयी।

पति का एक्सीडेट होने के पश्चात् सविता संपूर्ण रूप से टूट गई थी। अब अलोक के विचारों ने इसे पूरा निर्बल बना दिया था। वह अपने किए हुए कर्मो पर पछता रही थी। गाड़ी की गति धीमी होने लगी थी, क्योंकि मैसूर का रेल्वे स्टेशन आ गया था। अलोक और तिवारी मैडम गाड़ी से नीचे उतरे, मैसूर मानस गंगोत्री

विश्वविद्यालय की जीप आयी थी, इन्हें ले जाने के लिए। सो उसमें बैठकर विश्वविद्यालय पहुँच गए।

दूसरे दिन मिटिंग चल रही थी। मैडम सविता भी वहां मैजूद थी, परन्तु उसका मन कहीं और किसी को ढूंढ रहा था। पता नहीं वह कौन होगा, इसके सपनों का सौदागर ...। मिटिंग समाप्त होने के पश्चात् मैडम, दौड़ते हुए अलोक के पास जाकर कहने लगी ... ''भैया मैंने गोपाल के साथ जो कुछ भी किया है, वह ठीक नहीं था। इस बात का मुझे बहुत पछतावा हो रहा है, और मुझे खुदपर ही शरम आ रही है। मैं उसके ज्ञान तथा विद्वता को महत्व न देकर पुराने विचारो के बहकावे में आयी थी। शायद इसलिए ही कबीर ने कहा होगा - ''जाति न पूछो साधु की, पूछ लीजिए ज्ञान।''

गोपाल के मानवतावादी विचार ही अब सविता के कानों में गूंज रहे थे। इन सारी बातों को अलोक से बताकर विनती करती है- ''मैंने तुम्हें भाई माना है, तुम्हारी बहन के भविष्य की चिंता तुम्हें सौपती हूँ। तुमसे भीख मांगती हूँ भईया, मेरे गोपाल को मुझे ला दो, ला दो भाइया, ला दो प्लीज ... आँ! आँ! आँ!'' - वह रोने लगी। अलोक बहना के दुख को जान गया, और वादा किया कि गोपाल को पंद्रह दिनों में तुम्हारे हाथ सौप दूंगा - कहकर वहाँ से चला गया। सविता तिवारी भी शाम की गाड़ी पकडकर हैद्राबाद जाने के लिए तैयार हो गई।

सविता गाड़ी में बैठकर सोचने लगी - 'घायल की गति घायल ही जानते हैं।' क्या तकलीफ हो रही होगी मेरे गोपाल को, मेरे प्रियकर का दिल विशाल वेदनाओं से भर गया होगा। लोग कहते हैं, प्रेम करने वाले पागल होते हैं। परन्तु मेरे मतानुसार प्रेम नहीं करने वाले पागल होते हैं। अगर इन लोगों को मेरी बातों पर भरोसा नहीं होता, तो एक बार प्यार में डूबकर देखो, वह आनंद क्या होता है। इसमें तो परमानंद मिलता है, इसमें भगवान की शक्ति कार्य करते रहती है। इस लिए ही कबीर ने कहा है -

''लाली मेरे लाल की, जित देखूं तित लाल।
लाली देखन मैं चली, और मैं भी हो गई लाल।।''

जातिवाद के भ्रम के कारण मैं पागलों सा कार्य कर रही थी। अब मुझे मानव प्रेम का परिचय हुआ है। मुझे मानव बनकर जीना है। मेरा मन परिवर्तन होने के लिए मेरे - गोपाल का प्रेम ही कारण है। इस लिए कहा गया है कि प्रेम में अपार शक्ति होती है। प्रेमी के गुणों में देव वास करते हैं। यह सच लगने लगा हैं। अगर गोपाल इन सारी बातों का परिचय मुझे नहीं करवाता, तो मैं अपने जीवन का अस्तित्व ही खो बैठती। इस पोंगापंथी भ्रम से मुझे ना मेरे माता-पिता ने जगाया ना रिस्तेदारों ने, वे तो

मेरा मजाक उड़ाते हैं। ऐसा सोचते हुए सुस्त हो गई, दिनभर कार्य में व्यस्त होने के कारण थक गयी थी, सो वहीं सीट के सहारे सो गई।

पंद्रह दिन बीत गए परन्तु गोपाल अभी अलोक को नहीं मिला, मगर हिम्मत नहीं हारी इसने, आशावादी बनकर ढूंढते रहा। एक दिन श्याम के समय अलोक, गोपाल के माता-पिता के घर गया था। उसी समय गोपाल भी अपने अभिवावकों से मिलने आया था। अलोक और गोपाल का परिचय हुआ। फिर अलोक ने सविता की सारी समस्याएँ और प्रेम की भावनाओं को गोपाल के सम्मुख रखा। गोपाल, सविता को दिल से चाहता था, सो उसका हृदय वेदनाओं से जकड़ गया और बिलख-बिलख कर बच्चों सा रोने लगा। क्योंकि प्यार में कभी-कभी ऐसा भी होता है- प्रियकर के लिए प्रेयसी और प्रेयसी के लिए प्रियकर को रोना पड़ता है। यही सच्चा प्यार कहलाता है। ऐसा कभी प्रेयसी को दुख देना नहीं चाहता, उसके सारे दुखों को खुद झेलकर, उसे सुख की रानी बनाकर अपने हृदय मंदिर में पूजा करना चाहता है। फिर तो गोपाल भी उसे बहुत चाहता था ...।

गोपाल ने खुद को संभाला और अलोक के साथ हो लिया। दोनों सविता से आ मिले। सविता गोपाल को अपने सम्मुख देखकर यकीन नहीं कर रही थी कि यह गोपाल ही है। उसकी ओर आहिस्ता से अपना हाथ बढ़ाकर छू लिया, तब स्पर्श से पता कर लिया कि वह उसका ही गोपाल है। फिर उसे गले लगाया और पागलों की तरह चूमने लगी। भावुक बनकर कहने लगी, अब तुम मुझे छोड़कर कहीं नहीं जाना। यह सविता तुम्हारे रंग में कब की रंग गयी है। तुम्हारे प्यार का रंग अब मेरे हृदय से कोई नहीं उतार सकता। कहकर, गोपाल को जोर से बाहों मे जकड़ लिया। और दोनों आलिंगनबद्ध होकर रोने लगे। गोपाल के आँखों से अब दुख के नहीं खुशियो के आँसू निकल रहे थे। इन्हें देख अलोक की आँखे आनंद के आँसू बरसाने लगीं और दुआ मांगी - ''इनकी जोड़ी सलामत रहे और जग के लिए एक मिसाल बने, आने वाले प्रेमी कभी जाति न पूछकर सिर्फ दिल से दिल मिलाएं, ताकि यहाँ पर मानव-मानव से नाता जोड़े, जाति भेद सब मिटाकर छोड़े। इन प्रेमियों की ऐसी बने गाथा, जो कृष्ण लीला भी बन जाए थोथा।'' कहकर अलोक ने खुशियों से दीर्घ स्वास छोड़ा और उनसे विदा होते हुए, हाथ हिलाते-हिलाते आँखों से ओझल हो गया।

कौन हमारा है ?

बेटी - हैलो मम्मी, मम्मी ...! पता नहीं आज पेट में बड़ा ही जोर का दर्द होने लगा है। रात के खाने में मिर्ची ज्यादा हो गयी थी, शायद इस कारण ऐसा हो रहा होगा।

माँ - बेटी तबियत तो ठीक है ना?

बेटी - फिलहाल तो ठीक है। मम्मी, पेट में गैस बने जैसा भास हो रहा है।

माँ - बेटी चिंता मत करता, खुद् को संभालना। मैं और तेरे पिता शाम के समय तुझे मिलने आ रहे हैं।

बेटी - ठीक है आईए।

बेटी, कॉलेज की प्राध्यापिका है। इसका विवाह होकर बीस वर्ष हो गये हैं। अभी तक संतान नहीं थी, अब अंकुर ऊगा है। पहली बार माँ बनने जा रही है। अब सात महिने की गर्भवती है। कहीं कुछ अनहोनी न हो जाए, इसलिए माँ, बेटी के सेहत को लेकर हर-बार चिंतित रहती है। बेटी अपनी नौकरी का समय समाप्ति के पश्चात् कार में बैठकर घर के लिए रवाना हुई। रास्ते में माँ का फोन आया सो सेल उठाकर रिसिव करती है और कार सड़क के किनारे लगाने के लिए ड्राइवर को इशारा करती है।

बेटी- "मम्मी अब मैं ठीक हूँ। आप आने का कष्ट न उठाओ। मेरी सास सोचेगी कि जरा सा पेट दर्द होने पर भी बहु अपने माँ-बाप को बुलाती है। मैं क्या इसकी देखभाल नहीं कर सकती?" ऐसा कहने पर मैं क्या कहूँ मम्मी? फिर भी अगर आना चाहते हो तो आइए। परन्तु...

माँ—"बेटी हम घर से निकलकर रास्ते तक आये हैं और बेटे को भी बताया है कि आज रात तुम्हारे ही घर मे रहेंगे।"

बेटी—"आपको जैसा ठीक लगे, वैसा करना।" कहकर फोन काट दिया। बेटी के उदासी भरे विचारों को सुनकर पिता चिंता में डूब गया कि अब कहाँ और किसके घर जाएँ। बेटे को तो बताकर आये हैं, आज की रात दीदी के घर पर ही रहेंगे। इधर

बेटी की बातें सुनकर वहाँ भी जाना ठीक नहीं लगता। सो पत्नी पति से कहती है, अपनी बहन सरोजा के घर चलेंगे। उतने में ही बेटा फोन करता है। माँ सेलफोन उठाकर बातें करने लगी।

मम्मी-'बोलो बेटा, क्या बात है ?'

बेटा-'मम्मी, दीदी के घर पहुंच गए क्या?'

मम्मी-''नहीं बेटा, हम सरोजा आँटी के घर जा रहे हैं।'

बेटा- मम्मी, दीदी का स्वास्थ्य ठीक नहीं था, इसलिए गए थे ना, फिर क्यों अपने विचार बदल दिए।

मम्मी- बेटा अब वह ठीक हो गयी है, इसलिए अंटी से मिलकर आते हैं।

बेटा- मम्मी क्या आप रात में घर लौट रहे है? या आंटी के घर पर ही आज की रात रहने वालें हैं? वहीं रह जाओ, बातें करना भी होगा और रात भी है।

इधर बेटा, बहू और पोतों ने सिनीमा और होटल जाने का प्रोग्राम बनाया है। सो माँ और बाप को घर पर वापस आने से मना कर रहे हैं। दीदी अपनी बहन सरोजा से फोन लगाकर कहती है–

''ये छोटी, मैं बोल रही हूँ। हम साथ में आ रहे हैं। तेरे घर पर, बातें करने के लिए, साथ ही आज तुम्हारे घर पर ही रहेंगे।''

सरोजा - दीदी फिलहाल तो मैं किसी काम से बाहर आयी हूँ। घर पर कोई नहीं है। घर की चाबी अं... अं... घर की चाभी बाजू घर में देकर आना भूल गई हूँ। मैं घर पर आने के लिए अभी दो घंटे लगेंगे, अब तो रात के आठ बज रहे हैं। अगर आना ही चाहते हैं, तो दो घंटे के पश्चात् आना।

दीदी- कोई बात नहीं। तू तेरा काम कर लें, हम फिर कभी आएंगे। कहकर दीदी ने फोन काट दिया।

सारी बातें सुनकर इसके पति का माथा ठनकने लगा। सोचता है

कोई भी हमारा नहीं लगता। दुनिया बड़ी ही स्वार्थी लग रही है। ना बच्चे, ना रिश्तेदार, ना कोई सगे संबंधी, कोई भी बुरा समय आने पर हमारे नहीं हो रहे हैं। सारे जन अपनी अपनी सुविधाओं के अनुसार जीवन जीकर ऐश करना चाहते हैं। घर पर वापस जाने से बेटा नाराज होगा, वह सोचेगा, हम उसकी योजना के विरोध में चल रहे हैं। कहेगा कि उसकी कौनसी भी आशा पूरी करने के लिए उसे स्वतंत्र नहीं छोड़ रहे हैं। वह अकसर हमें रास्ते का रोड़ा ही समझते रहता है। बेटी के पास जाना चाहा, तो उसने अपनी सास के डर से हमें आने से रोका। तुम्हारे बहन के घर पर जाना चाहा तो, वह घर पर नहीं है अब एक ही रस्ता है। मेरी बहन सुमन के गाँव सवदती को चलेंगे - कहकर धारवाड़ के बस अड्डे पर आ गए।

यहाँ बहुत भीड़ होने के कारण लोगों का जमघट बना है। बारिश भी जोर की हो रही है। ठंडी हवा चल रही है। ठंडी से बचने के लिए होटल में जाकर बैठ गए। वेटर को चाय लाने का आर्डर देकर, पति पत्नी दोनों चर्चा कर रहे हैं - अब क्या करें... ।

चाय पीकर बिल चुकाने के लिए गल्ले पर गए। पेंट के जेब से रुपये भरा बटुआ निकालने के लिए जेब में हाथ डालकर ढूंढ़ता है पति। बटुआ नहीं था। सो परेशान हो गया। घबराहट के कारण माथे पर पसीने के बूंदे नजर आ रही थीं। वातावरण इतना ठन्डा होते हुए भी इसका शरीर चिंता और परेशानी के कारण तप रहा था। मर्यादा बचाने के लिए शर्ट की जेब से दस रुपये निकालकर चाय का बिल चुका दिया। होटल के बाहर आकर एक कूर्सी पर बैठ गये। पति- पत्नी चिंतातुर बने हैं, अपना ही घर होते हुए भी, घर पर नहीं जा सकते। पास रुपये भी नहीं हैं - आदि विचार इनके मस्तिष्क को खाये जा रहे थे।

एक व्यक्ति बड़ी देर से इनके हाव-भाव की परीक्षा कर रहा था। इसे पता चल गया था कि इन लोगों के पैसे पाकिटमार ने उड़ाया है, इसलिए ये लोग परेशान हैं- ऐसा समझकर वह उनके पास गया और इनके दुःख में भागी होने का प्रयत्न करने लगा। पति पत्नी, इस व्यक्ति की वेशभूषा को देखकर कहते हैं - देखो भाई, हम पहले ही बड़ी परेशानी में हैं, तुझे भीख देने के लिए हमारे पास कुछ भी नहीं है। हमारे आजु-बाजू मंडराकर हमें और परेशान मत कर।

व्यक्ति - साहब मैं भिखारी नहीं हूँ। मैं भी आप जैसे परेशानियों को झेलकर जीवित रहा एक इन्सान हूँ। मैंने इस बस अड्डे पर अनेक समस्याओं का सामना किया है और आप जैसे अनेक परेशान व्यक्तियों से मिला हूँ। मैं यहाँ का कुली हूँ। आपकी परेशानी देखकर ही आपके साथ बातें करने की इच्छा हुई है। आप तो दिखने में बड़े साहुकार जैसे हैं। फिर क्यों परेशान हैं। क्या बात है ?

पति - देखो भाई, समय सदा बलवान होता है। उसका हम सही उपयोग करेंगे, तो आगे बढ़ते रहते हैं। गलती से भी समय की मार का शिकार बनेंगे, तो हमारी जैसी परेशानी झेलनी पड़ती है।

व्यक्ति- बताइए साहब, मैं आपकी क्या मदद कर सकता हूँ।

पति- अरे भाई तुम खुद लाचार और मजबूर हो, फिर हमारी क्या मदद करोगे?

व्यक्ति- हाँ साहब मैं तो मदद करने योग्य नहीं हूँ, फिर भी आपके इस हाल पर मैं आपकी मदद कर सकात हूँ।

कहकर उस व्यक्ति ने थोड़े से रुपये अपने मैले, कुचैले, जेब से निकालकर इनकी ओर हाथ बढाया। पति-पत्नी उस व्यक्ति की ओर आश्चर्य से देखते हुए,

सोचने लगे कि पैसा लेना या नहीं। फिर निर्णय किया कि अगर पैसा नहीं लेंगे तो रात भर बसस्टाँप पर ही पड़े रहना पड़ेगा। इससे बेहतर होगा कि पैसे लें।

पति- भइया तुम कौन हो? और हमारी समस्या का तुम्हें कैसे पता चला?

व्यक्ति - साहब जी, मैं एक दलित हूँ। लोगों के बोझ के साथ-साथ सामाजिक और आर्थिक समस्याओं का सामना करते-करते इतना अनुभवी हो गया हूँ कि बता नहीं सकता। बस समस्याओं से धिरे हुए आदमी को देखते ही पहचान जाता हूँ और उनकी मदद करने के लिए आगे बढ़ता हूँ। मैं सोचता हूँ कि मेरी जैसी समस्याएँ और किसी नेक इन्सान को न आये।

आप तो बड़े नेक नजर आते हैं साहब।

महाशय उसकी मदद की चाह को अपने अहंभाव से हृदयंगम कर लिया और दलित व्यक्ति के विचारों से प्रभावित होकर अपने आप में, हारकर उससे पैसे लेने के लिए, मजबूर हो गया। पैसे लेकर पति-पत्नी सवदती जाने वाली बस में बैठ गए।

पति अपनी पत्नी से कहने लगा, देखो कौन किसका होता है। किसे अपना और किसे पराया समझना चाहिए। वह व्यक्ति एक दलित होते हुए भी कितना उदार और मानवतावादी है। हमारे बच्चे भी समय पर हमारे हो न सके, परन्तु इस महानुभाव, ने संकट के समय मिलकर हमारे हृदय में एक जगह बनाई है। इतने में बस सवदती के बस अड्डे पर रुक गई। बस अड्डे के कुछ ही दूरी पर इनके बहन का घर था। घर पर पहुँचते-पहुँचते रात के बारह बज गए थे। इतनी रात को दरवाजे पर भाई और भाभी को देखकर बहन घबरा गई। कहने लगी सब कुशल मंगल तो है ना भइया ? क्या बात है इतनी रात में आना हुआ?भाई ने सारी कहानी बहन को सुनाई। और भोजन के पश्चात् कमरे में सोने गये। रात भर महाशय ने छत को ताकते हुए करवटे बदलीं। मन में यह भयंकर प्रश्न नर्तन करने लगा कि कौन हमारे हैं ? हमारे कोख से जन्मे बच्चे या वह दलित कुली।

आठ दिन के बाद उस महानुभाव ने धारवाड के बस अड्डे पर लौटकर, उस व्यक्ती के पैसे लौटाना चाहा। सब तरफ ढूंढने पर भी वह कुली कहीं नहीं मिला। सो दूसरे कुली से उस व्यक्ति का पता पूछता है। कुली ने दिवार पर टंगी बड़ी सी फोटो की और इशारा करके बताया, वह फोटो उसी मददगार दलित कुली का था। फोटो के नीचे बड़े बड़े अक्षरों में लिखा गया था - "मददगार अशोक कुली अमर है।"

कहाँ दफनाया जाए

"ऐ वतन, ऐ वतन, हमको तेरी कसम, तेरे राहों पर खुद को मिटा देंगे हम। प्यार क्या चीज है... ।" कहीं दूर, निर्जीव भोंगा अपनी निश्छल देश भक्ति में मग्न होकर गा रहा था।

बसवेश्वर जयंती के शुभ अवसर पर वीरसंगय्या को अतिथि के रूप में बुलाया गया था। अतिथि भाषण में अपने विचार व्यक्त करते हुए - "हे मेरे पवित्र देश वासियों, आज यहाँ आतंकवाद सर उठाये, मासूमों की जिंदगी के साथ खेल रहा है। इसके लिए कारण जातिवाद, धर्मवाद और आर्थिक विषमता है। जहाँ मानव को मानव नहीं समझा जाता, वहाँ के लोगों की अपने अधिकार एवं सामाजिक सम्मान को पाने के लिए, आर्थिक विषमता को मिटाने के लिए, गलत रास्ता अपनाने की सामान्य बात है और राह से भटकने की गुंजाइश होती है। गरीबों को इस स्थिति में उतारने के लिए समाज ही जिम्मेवार है। आतंकवाद को मिटाने के लिए जातिवाद को मिटाना, आर्थिक विषमता को कम करना हमारा प्रथम कर्तव्य है। हमारे सम्मुख एक ही रास्ता खुला है, वह है मानवतावाद को अपनाना। तब कहीं देश में शांती और एकता बनी रहेगी, नहीं तो कौमवाद के लिए लड़ते-लड़ते लाशें गिरते जाएगीं और दफनाने के लिए जगह भी नसीब नहीं होगी। मुझे याद आती है एक भयानक प्रसंग की-

रात के ग्यारह बज रहे थे, शेलफोन गुनगुनाने लगा। रिंगटोन था - "ये मेरे वतन के लोगों, जरा आँख में भर लो पानी, जो शहीद हुए हैं उनकी, जरा याद करो कुरबानी - "फोन ऑन करके शहाबुद्दीन बोला -

शहाबुद्दीन : हेलो . . . हेलो कौन? हेलो . . . बोलते क्यों नहीं भाई ?

शरददास : (सिसकियाँ भरते हुए) मैं. . . मैं, आं आं, मैं शरददास हूँ।

शहाबुद्दीन : क्यों दोस्त? क्या बात है, सब ठीक-ठाक तो है ना? अमावस की ऐसी भयानक रात के बारह बजे फोन लगाया है, आखिर क्या बात है ? बता यार।

शरद : जिंदगी में तू ही तो अकेला मेरा दोस्त है, जो मेरे दिल-ए-दर्द को जानने और सुनने वाला है। तुझे छोड़कर मैं किसे फोन लगाऊं? किसे अपनी दुःख भरी कहानी सुनाऊँ?

शब्बु : वाहनों की सरपट आवाज सुनाई दे रही है, फिलहाल कहाँ है?

शरद : (दुःख भरे स्वर में) देख जरा अपने दोस्त की हालत, बाल मुंड़वाकर; अकेला लावारिस बनकर बाबा की मूर्ति के पास बैठा हूँ। जहाँ मैं और तू, ठंडी लान में बातें करते हुए बैठे रहते थे। आज अकेला बैठा हूँ, गुलबर्गा के अम्बेडकर उद्यान में।

शब्बु : आखिर ऐसी कौनसी बात है दोस्त, इतना परेशान होकर, इस सुनसान रात में अकेला उस उद्यान में . . .? पुलिस गस्त लगाती होगी, कहीं 'लेने के देने' न पड़ जाए ? जा, जाकर घर में आराम से सो जा; कल सुबह बात करेंगे।

शरद : क्या चिंदिचोर है रे! तुम दोस्त के दर्द को भी नहीं पहचानते ? क्या यारों। (रोने लगा) मैं अनाथ हो गया, मेरा सुख-दुःख पूछने वाला इस दुनिया में कोई नहीं है। मैं जहाँ भी रहूँ, मेरे दुःख-दर्द के घूंट मुझे ही पीना है। दोस्त, कौन मेरे दिल का बोझ हलका करेगा? कोई नहीं दोस्त, कोई नहीं, आह! (सिसकियाँ भरते हुए) कैसी किस्मत है मेरी। मेरे साथ ऐसा क्यों हुआ? मेरा जो एक सहारा था, उसे भी उठा लिया, ना मेरे बच्चे हैं, ना रिश्ते-नाते अच्छे हैं, अब मैं किसके सहारे जीऊँ! इस गम को भुलाने के लिए क्या रोज पीते रहूँ? तू ही बता मैं क्या करूँ. . . . । देख किस्मत का खेल कैसा निराला है, किसे हँसाता है, तो किसे रुलाता है। आह! मैं भी कितना विचित्र व्यक्ति हूँ, तुझे विषय बताये बिना ही अंट-शंट बकते जा रहा हूँ।

दोस्त तुम्हारी भाभी, तुम्हारी . . . (दुख भरे कंठ से आवाज नहीं निकल रही थी, रोने लगा)।

शरददास, शहाबुद्दिन और शशिकांत एम.ए. के सहपाठी थे। शरद मध्यम बुध्दिवाला छात्र था। एम.ए. की उपाधि प्राप्ति के पश्चात शेडम की एक संस्थान के उपाधि पूर्व महाविद्यालय में प्रवक्ता बना है। चालिस साल होने पर भी अविवाहित है। इनके समाज में अच्छी पढ़ी-लिखी लड़कियाँ कम ही मिलती हैं इसलिए और दो साल लड़की ढूंढ़ने में चले गए। मुख्य बात यह थी कि इसकी आयु ज्यादा होने के कारण रिश्तेदार, रिश्ता बनाने से पीछे हटते रहे। आखिर गुलबर्गा जिले के नंदिनहल्ली ग्राम के मल्लप्पा ढोर (चमड़ा बनाने वाला) की बेटी रेखा के साथ रिश्ता पक्का हो गया। अनपढ़, गवांर लड़की के अठारह वर्ष पूरे होने पर भी बचपन नहीं गया था। लेना-देना तो कुछ नहीं था। सो मंदिर में ही गुड़ियों सा विवाह किया गया।

शरद के संयुक्त परिवार में छः भाई और तीन बहने थीं। पिता दस वर्ष पूर्व ही परलोक सिंधार गए थे। माँ अकेली इतने बड़े परिवार को संभाल रही थी। भाई पढ़े-लिखे न होने के कारण मजदूरी करने लगे थे। तीन भाइयों की शादी हो चुकी थी। शरद घर का बड़ा बेटा होने पर भी इसकी शादी सबसे बाद में की गई थी।

वैवाहिक जीवन सुखमय चल रहा था। देखते-देखते पाँच वर्ष बीत गए, संतान होने के कोई आसार नहीं थे सो जीवन से निराश थे। कारण यह

कि पत्नी के गर्भकोश में दोष था। रेखा पति से सदा कहती थी- "अस्पताल में दिखाइए जी। देखो तो, हमारे साथ ही तुम्हारे छोटे भाई का विवाह हुआ है। उन्हें दो बच्चे हुए है। अगर जल्द इलाज होता तो हमें भी बच्चे होते। कितनी बार कहा है कि डॉक्टर के पास चलेंगे। परन्तु आपके तो 'कान पर जूँ तक नहीं रेंगती', बस अकेले में सोचते रहते हो।" पत्नी के तानों से शरद तंग आ गया। एक दिन हैदराबाद के गर्भ विशेषज्ञ आये थे। रेखा ने शरद से अस्पताल चलने की जिद की। दोनों अस्पताल गये। जाँच के पश्चात डॉक्टर ने सलाह दी कि आज ही ऑपरेशन करना पड़ेगा। कहने पर शरद मान गया और रुपयों का प्रबंध करने हेतु दोनों घर लौट आए। शाम के चार बजे तक रेखा ने घर का सारा काम निबटाया, बैठकर दोनों एक ही थाली में खाना खाया। आज वह बहुत ही खुश थी। शरद सोचने लगा- "पता नहीं इसे मैंने इतना उत्साही पहले कभी देखा ही नहीं था परंतु आज यह हिरनी की तरह दौड़-दौड़कर काम कर रही है। बातों-बातों में रेखा ने आज मेरे जीवन में पहली बार खुशियों का अंबार लगा दिया है।"

ठीक समय पर अस्पताल पहुँचकर ऑपरेशन की फीस भर दी गई। सात बजे का समय दिया गया था। शरद की सासु माँ भी साथ आई थी। माँ-बेटी में बड़ी देर तक बातें होती रहीं। सासु संतान को लेकर शरद को सदा कोसती रहती थी, वह भी आज दामाद के साथ अच्छा पेश आ रही थी। ऑपरेशन का समय जैसे-जैसे नज़दीक आता गया, वैसे-वैसे रेखा के मुख की चमक उड़ने लगी थी। उसके मुख पर पीलापन छाया था। कारण, घंटे-आधे घंटे में एक-एक मरीजों को थिएटर से बाहर लाया जा रहा था। मरीजों का शरीर, शुभ्र वस्त्र से ढका होता था, ऐसा लगता था मानों स्ट्रेचर पर शव लाया जा रहा है। इस दृश्य को देखकर रेखा पानी-पानी होकर पति से कहने लगी- "अजी क्योंकि मेरा जिया घबरा रहा है। मेरा धैर्य कहाँ खो गया है, मालूम नहीं। हाथ-पैर कमजोर होते जा रहे हैं, मैं क्या करूँ।"

शरद : देख ऐसी बात है, तो घर चलेंगे, मुझे पहले ही इन डॉक्टरों पर भरोसा नहीं है। डॉक्टर को भगवान माना जाता है, परन्तु ये लोग पैसा कमाने के लिए मजबूत मनुष्य को भी मुर्दा बनाने में लगे हैं। बच्चे नहीं हैं तो क्या हुआ, जितने दिन

साथ रहेंगे, एक-दूसरे का सुख-दुःख बाँट लेंगे। आगे की बात आगे देखी जाएगी, चल, घर चलेंगे।"

रेखा : सब लोग कहते हैं कि डॉक्टर बहुत पेशल है, इसके किए हुए सभी ऑपरेशन सफल होते हैं, जिसे भी इस डॉक्टर ने देखा है, उन सभी को बच्चे हुए हैं। हमारा भी भाग्य खुलने वाला है। पाँच साल के इंतजार का सपना साकार होने जा रहा है। आज भगवान की आँख खुली है, इसलिए शायद इतना अच्छा डॉक्टर हमें मिला है। घर वापस जाना ठीक नहीं है जी। मैं धीरज बांधती हूँ, आप शांत हो जाइए।

इस तरह पत्नी पति को सांत्वना देकर ऑपरेशन थियेटर की ओर चलने लगी। दो दाई माँ रेखा की बाहें पकडकर अंदर ले जा रही थीं, वह बार-बार पीछे मुड़कर पति की ओर देख रही थी। मन में क्या सोच रही थी, पता नहीं। बराबर आँखों से मोतियों सी एक-एक बूँद फर्श पर गिरती जा रही थी। जाँ-जहाँ बूँद गिरती गई, उन्हीं बूँदों पर शरद एक-एक कदम रखते हुए ऑपरेशन थियटर की ओर आ रहा था। दरवाजा बंद था। सो उसमें लगे हुए ग्लास से रेखा को एक नज़र देखकर पीछे मुड़ रहा था। रेखा की घबराहट देखकर डॉक्टर ने पूछा- "बेटी क्यों इतना घबरा गई है? क्या किसी से मिलना चाहती है?" कहने पर रेखा के दुःख का सैलाब फूट पड़ा। वह ऑपरेशन टेबुल से उठकर दरवाजे की ओर भागने लगी। दरवाजा खोलते ही सामने शरद खड़ा था। दोनों एक दूसरे के गले मिलकर खूब रोए, उन्हें यह भी होश नहीं था कि वहाँ पर अन्य लोग भी हैं।

रेखा अपने आँसू पोछते हुए-"मत रोइए मैं क्या उधर ही जा रही हूँ? मुझे कुछ नहीं होगा। तुम्हारे प्यार का साया जब तक मुझपर रहेगा, तब तक मुझे कुछ नहीं होगा। चिंता न कीजिए, बस ! आधे घंटे में बाहर आऊँगी।" कहते हुए वह अंदर चली गई।

थिएटर में ऑपरेशन की पूरी तैयारी की गई थी। रेखा को ऑपरेशन टेबुल पर सुलाया गया। मुख्य डॉक्टर के अलावा अन्य चार डॉक्टर और दो नर्स भी टेबुल के इर्द-गिर्द खड़े थे। सभी की नजरें रेखा पर ही टिकी थीं। यह देखकर इसे ऐसा भास हो रहा था कि वह मौत के शिकंजे में जकड़ने जा रही है। आँखो से आंसुओं की धाराएँ दोनों कानों की ओर निकलने लगीं। मुख्य डॉक्टर पूछने लगा-"क्यों बेटी, क्या बात है ? अभी तो पति का धीरज बँधाकर अंदर आई है, फिर क्यों इतना रो रही है? तुम अपना भविष्य बनाने जा रही हो। इस कार्य में तुम्हारे कोऑपरेशन की बड़ी आवश्यकता हैं। हम हैं ना, तुझे कुछ होने नहीं देंगे, बस, खुद को संभालो।

रेखा : रुको डॉक्टर! अपने पति को आखिरी बार देखना चाहती हूँ। प्लीज उन्हें बुलाइए। कहने पर जो डॉक्टर रेखा को बेहोशी का इन्जेक्सन लगाने आगे बढ़ रहा

था, सो इसकी प्रार्थना सुनकर रुक गया। शरद को अंदर बुलाया गया। रेखा ने अपने पति को दिलभर अपलक देखकर डॉक्टर से कहा- "हाँ डॉक्टर साहब अब ऑपरेशन करने में कोई आपत्ति नहीं है।" पत्नी का यह पति के प्रति मोह देखकर शरद तो बुत बन गया और रोबोट की तरह कदम उठाते हुए थियटर के बाहर आ गया।

रेखा को बेहोशी का इंजेक्शन दिया गया। आहिस्ता आहिस्ता उसकी आँखे मुंदने लगी। इधर शरद के दिल की धड़कने बढ़ने लगीं। मन बेचैन होने लगा। इसे ऐसा महसूस हो रहा था कि पैरों तले जमीन खिसक रही है। रेखा का हाथ से इसके हाथ छूट रहा है। घबराए हुए बाहें फैलाकर चिल्लाने लगा- "रेखा, रेखा; बचाओ, बचाओ।" लोगों ने समझाया। इसे एक सपना समझकर शरद ने अपने आपको दिलासा दिया।

दो घंटे होने पर भी ऑपरेशन पूरा नहीं हो सका। सारे डॉक्टर परेशान हैं। मुख्य डॉक्टर, हाथो से अपना सर पकड़कर बैठा हुआ, कहने लगा - ''मेरी सर्विस में ऐसा पहली बार हुआ है। नर्स ऑक्सिजन लगाओ, ब्रिथिंग बहुत ही टिपिकल होते जा रही है।'' ऑपरेशन सफल रहा, परन्तु रक्तचाप नहीं उभरा। रेखा को स्ट्रेचर पर बाहर लाकर लेडिज वार्ड में सुलाया गया। डॉक्टरों की खामोंशी देखकर शरद ने पूछा-"क्या बात है डॉक्टर साहब, आप लोग इतना परेशान क्यों हैं?"

डॉक्टर : आपकी पत्नी को लो बी.पी. हुआ है। बड़ी देर से कंट्रोल में लाने का प्रयत्न चल रहा है। डरने की कोई बात नहीं है। बस कुछ समय में ठीक हो जाएगा। ऑपरेशन तो सफल रहा है, परन्तु ब्लड प्रेसर कंट्रोल न होने के कारण होश में आने की परेशानी हो रही है। हम तो संपूर्ण प्रयत्न में लगे हैं। शेष रहा भगवान के हाथ में।"

शरद पत्नी का हाथ अपने हाथ में लिए बैठा था। आजु-बाजु रिश्तेदार खड़े थे। मुख्य डॉक्टर भी रेखा की जाँच करते हुए वहीं बैठा था। एकाएक रेखा का हाथ शरद के हाथ से फिसलने लगा। वह निर्जीव बनकर पलंग से नीचे लटक गया। शरद पसीना-पसीना हो गया, पत्नी का चेहरा हाथों से सहलाते हुए - "डॉक्टर मैं आपके पैर पड़ता हूँ, मेरी रेखा को बचाइए प्लीज...' डॉक्टर शांत खड़ा था। शरद पहचान गया, सो पत्नी से कहने लगा - "जन्म जन्म की जोड़ी तोड़कर, कहाँ तू चली . . . रेखा मुझे छोड़कर . . .।" रेखा बेहोशी की अवस्था से कभी होश में नहीं आई और शरद की प्यारी पत्नी भगवान को प्यारी हो गई।

यह सारा खेल इन डॉक्टरों का था। ऑपरेशन से पहले ब्लड प्रेशर के बारे में जाँच नहीं की गई थी। चलती-फिरती रेखा के शरीर को इन्होंने ही मुर्दा बना दिया। इस विषय को लेकर अस्पताल में हंगामा मच गया। डॉक्टर अपनी गलती मान गया।

मुआवजे के रूप में एक लाख रुपये भी दिये गये। इन रुपयों को देखकर भाई और सासू माँ की आँखे फिर गईं।

अंतिम संस्कार की तैयारी करने के बजाए, अस्पताल में खर्च किए हुए रुपये मांगने पर अड़ गए। कितना समझाने पर भी वे माने नहीं। पैसों का बँटवारा होने के पश्चात ही मुर्दाघर से मुर्दा उठाया गया। शरद पर दुख का पहाड़ ही टूट पड़ा था। रेखा के अंतिम संस्कार में भाग लेने के लिए शहाबुद्दिन, शशिकांत भी आये थे।

समय बीतता गया। शरद अकेला अपने आप में रहने लगा। पत्नी की याद सताने लगी, उसे भूलने के लिए हर रोज पीने लगा। रिश्तेदारों की कमीनी हरकतों से हर क्षण ऊबने लगा। एक दिन दिल बहलाने के लिए शहाबुद्दिन के घर गया था। बातें हुई, चाय, नाश्ते के बाद, बातों - बातों में- शहाबुद्दिन : "दोस्त, मैं एक बात कहना चाहता हूँ, गलत मत समझना। अकेला कितने दिन रहेगा? किसी लड़की से दूसरी शादी क्यों नहीं कर लेता? बुढ़ापे में सहारा चाहिए।"

शरद : देख भाई, मेरे साथ किस्मत कैसा खेल-खेल रही है। पत्रिकाओं में विज्ञापन देकर आठ मास हो गये। 'किसी जाति की लड़की क्यों नहीं हो, मैं विवाह के लिए तैयार हूँ।" परन्तु आज तक न किसी का पत्र मिला, न कोई रिश्ता आया। ऊपर स मेरे भाई लोग मुझे नोच-नोचकर खा रहे हैं। मैं इनसे तो तंग आ गया हूँ। इसलिए घर छोड़कर, कहीं दूर रहने की सोची है। मुझे अब पत्नी की आवश्यकता नहीं है। दोस्त, मुझे अब शांति की आवश्यकता है। मेरे दुःख को दूर करने वालों की आवश्यकता है। मुझे तुम्हारी सहायता की आवश्यकता है।"

पत्नी के मरने के पश्चात शरद अपने भाई और रिश्तेदारों की बेजा हरकतों से तंग आकर दोस्तों से कहने लगा-"अरे शब्बु, शशि मैं तो अपने घर वालों से ऊब गया हूँ। अब उस घर में नहीं रह सकता। क्या आप लोग मुझे कुछ दिन के लिए इन परेशानियों से परित्राण करेंगे ?"

शशिकांत : "शरद मैं तुम्हारा मित्र होते हुए भी इस विषय में मदद नहीं कर सकता। आप लोगों को पता है कि मेरे पिता हर रोज पूजा-पाठ, पारायण में व्यस्त रहते हैं। माता सदा पवित्र और शुध्दि पर ध्यान देती है। पूजा होने

तक हमारे आंगन में किसी अन्य जाति-धर्म वालों का प्रवेश निषेध है। ऐसे माहौल में मैं भला आपको अपने घर कैसे ले जा सकता हूँ ? अगर ले गया, समझो तो मुझे ही घर से भगाया जाएगा। क्षमा करना दोस्त मैं असहाय हूँ।"

शहाबुद्दिनः- "अरे यार, मैं अपने अब्बु, अम्मी को मना लूँगा, चल मेरे घर।"

शशिकांतः- दोस्तों आप मुझे गलत मत समझना, मैं आधुनिक विचारों से अवगत हूँ, परन्तु मेरे अभिभावक अभी भी जंग लगे संस्कार रूपी जंजीरों में बंधे हैं।

उन्हें उनका रास्ता अच्छा लगता है, मुझे अपनी दोस्ती और एकता। घर के संस्कार ऐरो बने हैं, मैं उनका उल्लंघन करुँगा और किसी अन्य जाति वालों को अपने घर में पनाह दूँगा, तो ब्राह्मण समाज हमारे घर के किसी मंगल-अमंगल कार्यों में भाग नहीं लेंगे। कुछ ही दिनों में मेरी बहन का रिश्ता बनने जा रहा है, सब चौपट हो जाएगा दोस्त, नहीं-नहीं।"

शरद का समान से भरा बक्सा शहाबुद्दिन ने उठा लिया। तीनों मित्र गप-शप करते हुए शहाबुद्दिन के घर की ओर कदम बढ़ाने लगे। घर पहुँचने के उपरांत, सारा हाल बताने पर इब्राहिम साहब, शरद को अपने साथ रखने के लिए मान गए।

अम्मी : (खुशी का इजहार करते हुए) शब्बु बेटा, देख तेरा एक और भाई आया है। तुम दोनों की जोडी साक्षात राम-रहीम की लगती है बेटा। हे परवर्दीगार, मुझे और एक बेटा देकर, मुझ पर बड़ी मेहरबानी की है। मैं तेरी लाख-लाख शुक्रगुजार हूँ। (आँख भर आई) समय साया की तरह कब सरकता गया, पता ही नहीं चला। शब्बु, शशि कार्यालयी कार्यों में व्यस्त रहने लगे। इन दोनों पर अभी कोई जिम्मेदारी नहीं थी। ये दोनों अविवाहित थे। पत्नी के वियोग में शरद गलते गया। मौत इसके स्वास्थ्य को छलती रही। पवित्र रमजान की ईद शुक्रवार के दिन बड़े ही धूम-धाम से मनाई जा रही थी। काल का खेल देखो, बेचारे शरद को अपनी गोद में उठा ही लिया। ईद की खुशियाँ मनाने के बजाय इब्राहिम साहब के घर में मातम मनाने लगे। शरद के संबंधियों को बताने पर भी शव लेने से इन्कार कर दिया।

शब्बु बिलख-बिलख कर रो रहा था। बेटे का दुख देखा नहीं गया। सो सांत्वना देते हुए इब्राहिम साहब कहने लगे-"बेटे शब्बु, क्यों रोता है रे, यह तेरा भाई है। कहते हैं कि 'पैदा करने वाले से भी पालने वाला बड़ा होता है'। मैंने कभी शरद को अलग नहीं समझा, हमारे बेटे की मैयत हम ले चलेंगे। मुहले वालों को इत्तला दो, जाते-जाते हुसैन और साथियों को जनाजा की पिंज्री लाने के लिए कहो।"

उत्तर कर्नाटक में यह कहावत प्रचलित है - "ब्राह्मण के घर में जन्म लेना और मुसलमान के घर में मरना।" शरद का भाग्य देखो, पवित्र ईद के दिन मुसलमान के घर में अपनी अंतिम सांस ली। अंतिम संस्कार के सारे रस्म इस्लाम पद्धति से किये गए। शव को मसजिद की ओर ले जाया गया। जमात बुलाई गई। नमाज अदा करने के बावजूद मुसलमान भाई इदगाह की ओर रवाना होने वाले थे। पेशइमाम को पता चला कि यह एक हिन्दू का शव है, इसलिए मसजिद में चंद कट्टर मुसलमान इब्राहिम साहब का साथ देने से पीछे हट गए। पेशइमाम कहने लगे- "मजहब के तरीकों के मुताबिक हम इस मुर्दे को मुसलमान कैसे बना सकते हैं? अगर यह जिंदा होता तो तबदिल-ए-मजहब से इसे मुसलमान बनाया जाता, फिर मरने के बाद हमारे

मजहबी तरीके से मैयत ले चलते। इस मजमून में मजबूर हूँ इब्राहिम; मैं कुछ नहीं कर सकता।"

इन्सानियत को मानने वाले कुछ मुसलमानों ने ऊपर वाले के भरोसे जनाजा उठाया और कब्रस्तान की ओर चल दिये। "लाही-लाही ललहा मुहमदी या रसूलल्हा" की ध्वनि रास्ते पर गूंजती रही। थोड़ी देर में कब्रस्तान आ गया। शव का नाम दर्ज करने वाचमैन के पास गए। शरददास नाम सुनते ही वह आग बबूला होकर कहने लगा "यह नाम तो हिन्दू का है, काफिरों के लिए कब्रस्तान में जगह नहीं होती। माफ करना, इसे कब्रस्तान में नहीं दफना सकते, आप यह मैयत उनके शमशान पर ले जाइए।" परेशानियों से ऊबकर, आये हुए मुसलमान भाई भी वहाँ से सरक गए। अब बचे सिर्फ चार लोग, शहाबुद्दिन, शशिकांत, इब्राहिम साहब और शब्बु का आपत मित्र वीरसंगय्या, जो कि एक समाज सेवक है।

कब्रस्तान से जनाजा उठा और शमशान की ओर चला। अपरपुरोहित से मिलकर दाह संस्कार की अनुमति ली गई। जलावन के पैसे जमा करने के लिए बताया गया, साथ ही शमशान भूमि की फीस भरकर, रसीद लाने के लिए कहा गया। क्लर्क पंडे के पास, शव का नाम दर्ज कराने शशि और संगय्या गये थे। पंडित ने पूछा-"क्या नाम है मृतक का?" संगय्या ने बताया "शरददास है।"

पंडितः- क्या कहा ? शरददास ऑ (चश्मा नाक पर चढ़ाते हुए) यह नाम तो? हाँ तुम्हारा नाम? आप लोगों का इससे क्या रिश्ता है? आप में इसका रिश्तेदार कौन है? कैसे मरा? कहाँ मरा? पुलिस का रपट है। इन सभी प्रश्नों के उत्तर इनके पास नहीं थे। पंडित बड़ा चालाक था। मुँह में गिलौरी दबा रखाी थी, अपनी शिखा पर हाथ फेरते हुए कहने लगा-"क्यों भाई, क्या बात है? विषय में कोई खोट नजर आ रही है, दाल में कुछ काला है। इस शव का यहाँ दाह नहीं हो सकता। कहाँ-कहाँ से चले आते हैं, मुँह ऊपर करके। धर्म भ्रष्ट करने, यह अछूतों का शमशान नहीं है। जाइए, यहाँ से, नहीं तो तुम्हारी ऊपर कम्पलेन्ट करनी पड़ेगी।" पंडे की बातें सुनकर सभी घबरा गए, क्योंकि इनके पास ऊपरी प्रश्नों का कोई उत्तर नहीं था।

इस धर्मपंथी के विचारों का खंडन करते हुए वीरसंगय्या बोल उठा-"समाज सुधार की नीति तो आपके पास है नहीं और सुधार करने वालों को आगे बढ़ने देते नहीं। हमारा यह कुछ भी न लगे तो क्या हुआ, मानव तो लगता है न। आप 'वसुधैव कुटुंबकम्' कहते हैं, फिर ये सारे प्रश्न क्यों पूछ रहे है? बारहवीं शताब्दी में महामानवतावादी बसवेश्वर ने जाति निर्मूलन हेतु अपना एक आंदोलन चलाया था। तुम जैसे सनातनियों ने, वैसे महान व्यक्तियों को नहीं छोड़ा, फिर हमें कैसे इस शव का संस्कार करने दोगे। आपके पास मानवीयता को महत्व नहीं दिया जाता। महत्व

मिलता है तो जातियता को। वाह रे ! तुम्हारा महान धर्म। मुझे नहीं चाहिए ऐसा पोंगापंथी धर्म। हमारा अपना ही धर्म साथ देगा जो एकता का धर्म है। मानवता का धर्म है। इस हादसे से घबराकर शहाबुद्दिन अपने अब्बु से पूछने लगा- "अब्बु शरद को कहाँ दफनाया जाए।"

इब्राहिम साहबः- "बेटा हर एक के नसीब में ऊपर वाला दो गज जमीन लिख देता है। शरद के तकदीर की जमीन कहाँ है, वहाँ तक तो हमें चलना ही है। शांत रहना बेटा जोश में आकर होश मत खोना, इससे बनती बात भी बिगड़ जाती है। उत्तर कन्नड़ के महान संत शिशुनाळ शरीफसाहब के साथ मुसलमान भाइयों ने भी ऐसा ही बर्ताव किया था। उनकी अम्मी, अब्बु की मैयत उठाने के लिए अपने कोई नहीं आये थे। वे अकेले बैलबन्डी (बैलगाड़ी) में डालकर खींचते हुए अपने खेत पर ले गए.और दफना दिया। हम तो गरीब हैं बेटे, हमारे पास झोपड़ी के अलावा एक बालिस्त भर जगह भी नहीं है, हमारी कौन सुनेगा, इन धर्मों की झंझटों में.? बस्स, ऊपर वाला जो रास्त बतायेगा, वैसे ही चलना होगा। धीरज रख, मेरे बाशा, धीरज रख सब ठीक हो जायेगा, या अल्लाह कोई रास्ता बता।"

इब्राहिम साहब की बातें सुनकर वीरसंगय्या के मन पर क्या असर हुआ, पता नहीं। उसने दोस्तों से कहा - "दोस्तों, उठाओ अर्थी अपने दोस्त का अंतिम संस्कार हम मानवतावादी शमशान भूमि में करेंगे।" कहकर अर्थी को कांधा दिया और अपने खेत की ओर चलने लगा।

हाँ ! कुत्ते की दुम

''ओम् जय जगदीश हरे, स्वामी जय जगदीश हरे। भक्त जनों के संकट क्षण में दूर करें, ओम् जय जगदीश हरे ...।'' प्रार्थना की पक्तियाँ दोहराती हुई युवती घर के आंगन में तुलसी की पूजा कर रही थी। गेट की ओर से एकाएक गंभीर वाणी सुनाई दी - ''अलख निरंजन !, अलख निरंजन ! माता ! संक्रमण की दिव्य ज्योति का शुभ परिणाम आपके जीवन में होने वाला हैं। आपका घर धन - धान्य से भर जाएगा, आपके कदमों से साक्षात लक्ष्मी माता चलती है। आपके कारण ही इस घर में सुख, शांति और समृद्धि है। माता इस सन्यासी की बातों को बेजा न समझो, हमारा ज्ञानेंद्रिय कह रहा है। तुम्हारा भाग्य खुलने वाला है। तुम्हारी आज तक की प्रार्थना का फल शीघ्र ही प्राप्त होने वाला है।''

कुत्ता छत से भौंकते हुए नीचे उतर आया और सन्यासी पर नाराजगी जताते हुए, जोर-जोर से भौंकने लगा। कुत्ते को देख सन्यासी ने आश्चर्य से कहा - ''हाँ ! कुत्ते की दुम।'' मालकिन उसे अपने पास बुलाकर, प्यार से उसके सर पर हाथ फेरते हुए कहने लगी- ''टामु बेटा, ऐसा नहीं भौंकते, महाराज हमारा भविष्य बता रहे थे। मुझे कुछ नहीं कर रहे है। मेरा प्यारा टामु, मेरा कितना खयाल रखता है तू, चल ऊपर जाकर बैठ।'' कहकर कुत्ते को गले लगा ली। कुत्ता अपनी सम्मति जताते हुए, मालकिन का मुख चाटकर, कुं-कुं-कुं - करते हुए छत पर जाने के लिए सिड़ियाँ चढ़ते समय, सन्यासी की बदनियत पर आंखों से आग उगल रहा था।

कुत्ता बड़ा ही बलिष्ट था। हर रोज खासा भोजन मिलने के कारण शरीर काफी पुष्ट बना था। इसकी दुम काफी आकर्षक थी। लंबे-लंबे बालों के चौरा की चमक अद्‌भुत थी। कुत्ते के चलते समय, उसके रेशमी बाल, थर-थराने लगते थे। इसके दुम की सुंदरता पर परिवार के सारे सदस्य फिदा हो गए थे। चमकने वाले बालों को विशेष साबुन से धोकर, मखमल के टौलिया से साफ करते थे। फिर कंघी भी की जाती थी। इसके गुण और बालों पर हरेक व्यक्ति का आकर्षित होना स्वाभाविक

था। प्यार पवित्र होता है, चाहे वह बच्चों के प्रति हो या अपनों के प्रति अथवा प्राणियो के प्रति हो। इसलिए शायद इसकी मालकिन कहती थी, मुझे तीन बच्चे हैं कीर्ति, किरण और टामु राजा।

कुत्ता जब पिल्ला था, इसकी मालकिन इसे गोद में उठाकर ही मुहले में सहेलियों के घर जाया करती थी। जिस दिन कुत्ता मालकिन के साथ नहीं होता था तो गली वाले पूछा करते थे - ''आपका टामुराजा कहाँ है।'' मालकिन बताती थी, ''वह पलंग पर सो गया है। उसका उठने का समय हो गया है, उसे खाना देना है, मैं सामने न रहने से चिल्लाने लगता है। हां भाई, मैं चलती हूँ।''

जान से भी ज्यादा प्यार करने वाली टामु की मालकिन आज अचानक अपने भविष्य के बारे में सुनकर घबराई, सन्यासी को अपलक देखने लगी। इसकी अवस्था देखकर सन्यासी कहने लगा -''माता, हम कभी झूठ नहीं कहते। सत्यवचन बोलना, समाजोद्धार, भक्तो की समस्याओं को सुलझाना ही हमारा परमधर्म है। हम मानवकुल की भलाई के लिए ही जन्म लेते हैं। इन कार्यो के कारण हमें परमानंद प्राप्त होता हैं और जरा-मरण से मुक्ति पाकर परलोक सिधारते हैं। हमारे पुनरजन्म नहीं होते माते, हम तो मोक्ष पाने के लिए, ही लोक-कल्याण में लगे रहते हैं। माता तुम पर परमात्मा प्रसन्न है। परलोक से ही तुम पर आर्शीवाद की वर्षा कर रहा है। तुम कितनी पुन्यवान हो देवी। मैं आज एक सत्य बात बताने वाला हूँ, सुनकर घबराना नहीं । देवी मैं जो बताना चाहता हूँ यह बात सत्य हो तो मान लेना, अगर झूठ बोलेगी तो घर में अनर्थ होगा। कहो, बताऊ या नही।''

नारी विचलित एवं शंका भरी आवाज में कहने लगी -''बताइए बाबा, शुभ है की अशुभ ?'' सन्यासी समझ गया कि नारी इसके वश में हो गई है। वह कहने लगा- ''देवी, मैं वह बात तो बताता हूँ, लेकिन शीघ्र ही इसे आचरण में लाना होगा, नहीं तो आपके घर में कुछ...।'' नारी डर गई, कहीं घर में अपशकुन न हो, इस भय से वह सन्यासी के साथ बड़े ही सौम्यता से पेश आकर, बिनती करने लगी - ''बाबा हम पहले ही परेशान हैं। हमारा घर लुट गया है और क्या होने वाला है, बताईये ना।'' सन्यासी ने प्रश्न पूछते हुए कहा -''खैर ! एक बात पूछता हूँ, सच बताना।'' कहते हुए सन्यासी ने बड़ी-बड़ी आँखें निकालकर, ललाट चढ़ाया - ''एक महिने के भीतर आपके घर में क्या किसी की मृत्यु हुई है ?''

मरने की बात सुनकर नारी की आँखें भर आयीं, वह दुख में डूब गई। अब सन्यासी इसके नज़रो में भगवान बन बैठा। देखते-देखते उस पर पूरा भरोसा हो गया कि यह सच-सच बोल रहा है, क्योंकि कुछ दिन पहले इसका देवर सड़क दुर्घटना में मर गया था। बीती बात हरी होने के कारण नारी का मन मुरझा गया। थकी हारी

नारी कहने लगी- ''महाराज आप महान हैं। हमारे मन की बात जान गये हैं। आपकी दिव्यशक्ति का कोई जवाब नहीं है। हम पर मंडराने वाली बुरी बला को दूर कीजिए महाराज।'' कहकर उसके चरणों पर माथा टेक दिया। उठकर कहने लगी- ''महाराज आईये, भीतर आइये ना, हम गरीब के घर में आपके पवित्र चरणकमल रखने से, हमारा जीवन पावन होगा। आइये, इधर आइये।'' कहने पर सन्यासी ने भोले भक्त की भावनाओं को भाप गया और अपने मोहपाश का जाल उस पर बिछा दिया। अब इसे पता चल गया कि पंछी जाल में फस गया है।

बिछोने पर बिठाकर सन्यासी के चरण धोये गये। पंच पकवान का भोजन बनाया गया । आज संक्रातिं के निमित्त घर में त्यौहार जोरो पर मनाया जा रहा था। दरवाजे के बाहर कुत्ता, सन्यासी पर क्रोध जताते हुए बार-बार भौंक रहा था। सन्यासी खाकर तृप्त हो गया और अपनी मन की बात पति-पत्नी से कहने के लिए सामने बिठा लिया। यही मौका देखकर सन्यासी कहने लगा -''आपके घर में अनिष्ट होने वाला है और एक व्यक्ति की मृत्यु होगी।'' कहने पर दंपति घबराकर कहने लगे- ''यह तो बहुत बुरी बात है महाराज, इसका क्या कोई तोड़ उपाय नहीं है आपके पास? आप तो त्रिकालज्ञानी हैं स्वामीजी, हमें इस बुराई से बचा लीजिए।'' सन्यासी शान्त भाव से कहने लगा- ''उपाय है, इस कुत्ते की दुम में चक्र बना है। यह अनिष्ठ चक्र कहलाता है, जिस कुत्ते की दुम संपूर्ण रूप से गोलाकर धारण करता है, उसे अनिष्ट चक्र के नाम से पहचाना जाता है। यह प्रसंग हमारे महान ग्रन्थों में भी लिखा है। उस चक्र के बीच से मक्खी उड़कर जिस मनुष्य पर जाकर बैठती है, समझो उसकी मृत्यु निश्चित हो जाएगी।'' इतनी सी बात कहकर सन्यासी प्रस्थान के लिए खड़ा हो गया। कुत्ता इसे देखकर फिर से भौंकने लगा । नारी पूछने लगी- ''महाराज इस अनिष्ठता से बचने का कोई तरीका बताकर हमें बचाइए, आपके चरण पकड़ते हैं।'' सन्यासी ने एक वाक्य में उत्तर बताया- ''कुत्ते की पूंछ अभी ही काटनी होगी।'' यह सुनकर नारी ने घबराकर कहा -''हाँ, कुत्ते की दुम !'' दान में पांच सौ एक रुपया पाकर सन्यासी नौ दो ग्यारह हो गया।

सुबह-सुबह ही सन्यसी ने पति-पत्नी के कान में संशय का कीड़ा डाल दिया और चला गया। उसकी बातें दोनों को साक्षात भगवान की वाणी लगने लगी थीं। घर का काम करना भी भूल गए। भगवान की पूजा, अर्चना करने का ध्यान भी उड़ गया। इन्हें एक ही चिंता सताने लगी कि कुत्ते की दुम कैसे काटी जाए।

पड़ोसी का ऊपरी मंजिल का काम चल रहा था। वहाँ के चार कर्मचारियों को बुलाया गया, कुत्ते को प्यार से नज़दीक बुलाकर सहलाने लगे, एक मजदूर ने कुत्ते के जबड़े को कसकर बंद कर दिया, ताकि पूंछ काटते समय छुड़ाकर किसी को काटे

ना दूसरे मजदूर ने दुम पर रेशम क धागा कस दिया, कारण काटने पर लहु न टपके। तीन लोगों ने मिलकर कुत्ते को जमीन पर लिटा दिया, छुड़ाकर न भागे इस निगरानी में आजु-बाजु चार लोग खड़े थे। देखते-देखते निर्दयता से कुत्ते का मालिक राजकुमार ने उसकी दुम पर कुल्हाडी का वार कर दिया और समस्याओं से मुक्त हो गया, समझकर विजयोत्सव मनाने लगा। परन्तु कुत्ता तकलीफ से तड़पने लगा। आधी दुम कटकर जमीन पर फड़-फड़ाने लगी, जिस तरह छिपकली की दुम टूटने पर फड़-फड़ाने लगती है।

टामुराजा मालिक को करुण निगाहों से देख रहा था। कुल्हाड़ी उठाए हुए मालिक अपने नसीब को ललकारने वाली समस्याओं को ललकारते हुए, अपनी जीत की पताका कुल्हाड़ी के रूप में लहरा रहा था। परन्तु इस कुत्ते का मुख बंद था, जिस तरह समाज के ऊंचे वर्ग वालों ने दलितों का मुख बंद करके रखा है। वह अपनी भावनाओ को बया नहीं कर सका। बस वेदनाओं की वाणी कु, कु, कु, की ध्वनि में बदल गई। आँखो से आंसू बहने लगे, यह देख मालकिन भी रोने लगी, कुत्ता सोचने लगा- ''आज तक मुझे अपने बेटे से भी बढ़कर समझने वाले मेरे मालिक ने सन्यासी की बातों में आकर अपने बेटे पर ही कुल्हाडी चला दी। मैं मूक बन बैठा हूँ, मेरी तकलीफ उन्हें क्या पता ? वे तो मनुष्य होकर भी मनुष्य नहीं हैं। कब बदलते हैं अपना पैतरा, पता ही नहीं चलता। मालिक जब गाँव गये थे तो चार-चार दिन भूखा-प्यासा रहकर इनके घर की रखवाली करते रहा। इसी ईमानदारी का फल मुझे आज इस रूप में प्राप्त हुआ। जबान रखने वाले ही आज अंध परंपरा के सामने मूक बन बैठे हैं। फिर ऐसे इन्सान के घर में ईमानदारी से रहने से क्या मिला ? नहीं-नहीं आज के बाद इनके घर में नहीं रहूंगा' ऐसा सोचने वाला टामु मालिक पर क्रोध करते हुए वक्त का इन्ताजार करने लगा कि कब घर छोडकर चला जाऊं। टामू को आज भी बढ़िया खाना दिया गया था, लेकिन खाने में रुचि नहीं थी। वह मनुष्य की मानवता पर चिंता करते-करते सूखने लगा था। अब समय का इन्तजार खत्म हो गया।

शनिवार का दिन था। धारवाड़-कलघटगी सड़क पर नुग्गिकेरी हनुमान को जाने वाली भक्तों की बड़ी भीड़ चल रही थी। वाहनों की सरपट दौड़ भी जारी थी। राजकुमार भी हनुमान के दर्शन करने सहपरिवार गाड़ी पर जाने के लिए गेट खोलकर गाड़ी निकाल रहे थे। टामु को बांधना भूल गये थे। गेट खुला देखकर कुत्ता बाहर भागने लगा, गर्दन में संकल थी सो छुन-छुन, छुन-छुन आवाज आने लगी। मालिक कुत्ते को पकड़ने के लिए पीछा करने लगा। कुत्ता आगे, मालिक पीछे, दौड़ने की होड़ चल रही थी। मालिक दौडते-दौडते कहने लगा- ''टामु रुक जा, मत भाग, टामु

रुक।'', कहकर उसके गले की चैन पकड़ने ही वाला था कि सामने से ट्रक आकर कुत्ते से टकरा गया। कुत्ता घायल हो गया, कब दम तोड़ेगा, पता नहीं। पर एक क्षण कुत्ते ने मालिक की ओर भरी आँखो से देखते हुए, मानो नजरों से ही कहा, - ''मैं तो जा रहा हूँ, आप रहने वाले जरा अपने संस्कारों को बदल डालो, मानव को मानव के समान मान सम्मान देना सीखो। प्राणी का तो आपकी नजरों में कोई मान नहीं है। अब तो मानव जीवन जीना सीखो। न स्वर्ग है, न नरक। सब-कुछ यहीं भोगना है। मानवों, आपसे मेरी एक ही प्रार्थना है, मेरे जैसी यातना किसी और को न देना, अलबिदा।'' कुत्ते को बड़ी वेदना हो रही थी, प्राण पखेरू उड़ने वाला ही था कि मालकिन दौड़कर आयी और कुत्ते को गोद में उठाकर बिलख-बिलख कर रोने लगी। कुत्ते का शरीर खून से लथपथ था। कुं कुं करते हुए अपना सर मालकिन के गोद में रख दिया। मालकिन कहने लगी- ''टामुराजा यह क्या हुआ, मुझे छोड़कर मत जाना'' - कहकर छाती पीटने लगी। टामु का सर गोद से खिसक गया, शरीर से हवा चली गयी। यह हादसा देखकर सड़क पर भीड़ जम गई। कुत्ते के प्रति परिवार का इतना प्रेम देखकर भीड़ भी विलाप करने लगी।

माँ मुझे भी स्कूल जाना है

22 फरवरी 2008 शुक्रवार का दिन था। वार्षिक उत्सव की जोरों पर तैयारियाँ चल रही थीं। आज स्कूल के बच्चे रंग-बिरंगे कपड़ों में सज-धजकर आये थे। ऐसा लग रहा था, मानो बगीचे में तरह-तरह के फूल खिले हैं। आज स्कूली बाग में खूब बहार आयी थी। कार्यक्रम शाम के चार बजे शुरू हुआ। मंच पर संस्था के कार्याध्यक्ष, हेडमास्टर और पुलिस अधिकारी लक्ष्मी मौजूद थे। स्वागत गीत के साथ कार्यक्रम की शुरूआत हुई। मैडम का स्वागत और माल्यार्पण होने के पश्चात् उन्हें भाषण करने के लिए उद्घोषित किया गया। उन्होंने उठकर पहले गुरूजी को प्रणाम किया फिर मंच के पास, माइक के सामने आकर खड़ी हो गई। सारे छात्रों की ओर एक नज़र दौड़ाई फिर भाषण शुरू किया -

"मेरे सम्मुख बैठे हुए झिल-मिल सितारों, मंच पर उपस्थित महानुभावों, मेरी यह शिक्षा स्थली एक पुन्य भूमि है। यहाँ पर अनेक तपस्वियों का वास है, उन्हें ही हम गुरू के नाम से संबोधित करते हैं। यहाँ के गुरूजनों की आत्मीयता, इनके अपनत्व के भावो से गरीब अमीर बन जाता है, रंक भी राजा बन जाता है। इसी स्कूल का एक माजी छात्र श्रीनिवास दलाल अमेरिका विश्वविद्यालय में गणित का प्रवक्ता था। वे अपने स्कूली अभिमान के कारण, मरने से पहले इस स्कूल के नाम दो करोड़ रूपयों की जायदाद मृत्यु पत्र में लिखकर चले गये। आप सोच सकते हैं कि यह संस्था कितनी महान है। यहाँ पर छात्रों में योग्यताएँ भरी जाती हैं। तभी तो वे आगे चलकर योग्य स्थानों की अपेक्षा करके, उन्हें हासिल करने योग्य बन जाते हैं।

इस स्कूल में सभी छात्रों को आगे आने का अवसर दिया जाता है। इसी तरह अन्य स्कूलों में भी दलित और गरीब छात्रों को प्रोत्साहित करेंगे, तो वे भी अपनी प्रतिभा का सदुपयोग करके मेरे जैसे बड़े अधिकारी बन सकते हैं। अब आप लोगों की बारी है। अच्छा पढ़िए, हरेक प्रतियोगिताओं में भाग लेने के लिए आगे बढ़िए और अपने भविष्य के साथ-साथ देश का नाम भी सुशोभित करें। इन विचारों के

साथ मेरी वाणी को विराम देती हूँ, जय हिन्द।

भाषण समाप्ति के बाद तालियों की गड़गड़ाहट गूंज रही थी। यह सुनकर गुरूजी का सपना टूट गया जो अतीत के यथार्थ को देख रहे थे। विक्टोरिया हाईस्कूल के गेट से सटकर एक 25 वर्षीय महिला खड़ी थी। उसकी आँखें बड़ी और सुंदर थीं। बाल बिखरे हुए थे। हरे रंग की मटमैली साड़ी पहनी हुई थी, पता नहीं उसे धोकर कितने दिन हो गए हैं, क्योंकि साड़ी के किनारों के मुदड़ आयी थी। ऐसा लग रहा था कि वह एक वृद्धा है। इसे जवानी में ही वृद्धत्व को अपनाना पड़ा था। लोग जवानी के सारे सुख लूटकर बुढ़ापे का स्वागत करते हैं। परंतु मंजव्वा जवानी का अनुभव ही नहीं कर सकी और सीधा-सीधा बूढ़ी सी नज़र आने लगी है। आयु कौनसी भी रहे, बच्चों के भविष्य के बारे में अभिभावकों को चिंता जो रहती है, उन्हें स्कूल में दाखिला दिलाने को लेकर, मंजव्वा भी उसी आशा को लेकर यहाँ पर आयी है।

जून का महिना था। अनेक विद्यार्थी स्कूल में प्रवेश पाये थे। अब कक्षाएँ भी शुरू हो गई थी। सारे छात्र-छात्रा गेट से ही दौड़ते -दौड़ते अपनी-अपनी कक्षाओं की ओर जा रहे थे। एक व्यक्ति गेट के अंदर जा रहा था। उसे देख मंजव्वा पूछने लगी- ”साहब आप इसी स्कूल में काम करते हैं। पीछे देखकर उस व्यक्ति ने प्रश्न किया, - ‘‘क्यों क्या बात है ?’’ मंजव्वा ने कहा- ”मुझे हेडमास्टर से मिलना है।“ उस व्यक्ति ने बताया- “अभी कुछ ही क्षण में हेडमास्टर आयेंगे। आओ, मेरे साथ उनके बैठने की जगह बताता हूँ।” कहकर उस व्यक्ति ने मुख्याध्यापक के कमरे की ओर इशारा करके बताते हुए कहा - ”उनका नाम गोपाल नंबोदरी है, आने पर मिलिए।“ मंजव्वा ने जरा स्मित होकर हाँ कहा, इसके मंद मुस्कान में ही उस व्यक्ति को धन्यवाद कहने का भाव छिपा था। वह फिर से उसी जगह गेट के बाजू आकर खड़ी हो गई, जहाँ पहले खड़ी थी। जब वह ध्यान से आने वाले छात्र-छात्राओं की परीक्षा कर रही थी। बच्चों के (पोशाक) समवस्त्र, खाने के डिब्बे का अलग सा बॉस्केट, पॉलिस किए हुए चमकते जूते, पावडर और सुगंधित क्रीमों से सजे हुए उनके आकर्षक मुख, बच्चों की किलकारियाँ, उनकी शैतानियाँ, उनकी गंभीरता, उनकी स्वाभिमानिता, कुछ बच्चे तो आलिशान कारों में आकर उतरते थे। उनके बैग और टिफन बॉक्स को ड्राइवर, कक्षाओं तक पहुँचाते थे। स्कूल के वातावरण में मनमोहक उत्साह दिखाई दे रहा था। यह सब कुछ देखकर मंजव्वा एक क्षण खुद को ही भूल गई और मुँह खोलकर यहाँ का सुंदर दृश्य निहारने लगी। उसे पता नहीं चला कि हेडमास्टर की कार गेट से अंदर कब चली गयी।

लाउडस्पिकर में सूचना दी गई कि सारे विद्यार्थी हर रोज की तरह प्रार्थना करने के लिए मैदान में इकट्ठे हो जाएँ। यह ध्वनि सुनते ही सभी कक्षाओं के छात्र-छात्राएँ

कतार बनाकर बड़े ही सुंदर ढंग से खड़े हो गए। एक दूसरे के बीच समान अंतर रखने के लिए अपना हाथ आगे बढाकर दूसरे के कंधे पर रखा गया। 'हैंड्स डाऊन' की ध्वनि सुनकर सभी छात्रों ने अपने हाथ नीचे किये। पीटी मास्टर सावधान-विश्राम कराने लगे। बैण्ड बाजा की ध्वनि गूंज रही थी। उस ध्वनि के ताल-से-ताल मिलाते हुए छात्र सावधान विश्राम कर रहे थे। छात्रों को सावधान में रहने की सूचना दी गई और राष्ट्रगान गाने की आज्ञा मिलते ही सारे विद्यार्थी मिलकर जन-गण-मन एक स्वर में गाने लगे। यह स्वर आकाश तक गूंजने लगा। इस दृश्य को मंजव्वा हैरानी से देख रही थी। उसे ऐसा लग रहा था कि - 'मेरी बेटी भी... मेरी गुड़िया भी इतने सुंदर कपड़े पहनेगी ! फिर तो मेरी रानी बिटिया बहुत सुंदर लगेगी। वह पढ़कर बड़ी बनेगी, हाँ-हाँ बहुत बड़ी।' कहते-कहते सपने में खो गई।

"अम्मा मुझे भी स्कूल जाना है"- कहकर लड़की अपनी माँ का आँचल पकड़कर खींचने लगी। मंजव्वा तत्क्षण उस दिव्य सपने से बाहर आ गई और पीछे मुड़कर देखा तो बेटी लक्ष्मी उसके पास ही खडी थी। वह उन स्कूली बच्चों में नहीं बल्कि गेट के बाहर खड़ी थी। मंजव्वा ने खुद को संभालकर बेटी का हाथ पकड़ा और अपनी ओर खींच लिया, फिर छाती से लगाकर उदासी से उसे टुकर-टुकर देखने लगी। सारे विद्यार्थी प्रार्थना के उपरांत अपनी-अपनी कक्षाओं में चले गए। मंजव्वा भी गेट के अंदर चली गई। हेडमास्टर का कमरा खुला था, सो अंदर प्रवेश करना चाहती है। चपरासी ने रोक दिया। तब मंजव्वा कहने लगी - "साहब आप ही हैं हेड मास्टर ? मेरी बेटी को स्कूल में डालना है। मुझे मालुम नहीं, कैसे दाखिल करते हैं, क्या करते हैं, इसका स्कूल में नाम लिख लो साहब, मेहरबानी होगी।" चपरासी कहने लगा - नहीं बाई, मैं तो यहाँ का सेवक हूँ। व्यंकटेश नाम है मेरा, साहब कक्षाओं की जाँच करने गए हैं, रुको अभी आते हैं।"

मंजवा अपनी लड़की को लेकर प्रधानाध्यापक के कमरे के सामने खड़े-खड़े एक घंटा इंतजार करती रही। स्कूल का आवरण काफी फैला हुआ था, सो सारी जांच पड़ताल करके गोपाल सर अपने चेंबर की ओर आ रहे थे। स्कूल के मैदान में खड़ी हुई नारी को देखकर उसकी ओर चले गए और पास जाकर पूछा - "क्या बात है, किसका इंतजार कर रहे हो।"

मंजव्वा-"मुझे हेडमास्टर जी से मिलना है, मेरी बेटी को स्कूल में डालना हैं।"

गोपाल - "मैं ही हूँ, बताइए कौनसी कक्षा में पढ़ती है।"

मंजव्वा- "अब तक सरकारी स्कूल में पढ़ती थी, चौथी पास है। हमारा घर हेब्बली अगसी (नगर द्वार) के पास है। हमारे घर से यही स्कूल नजदिक है। इसे दाखिल कर लो साहब।"

मंजव्वा को देखकर ही गोपाल सर पहचान गए कि यह बहुत गरीब है। फिर उसे ऑफिस रूम की ओर आने के लिए बताकर वे सर्र-सर्र आगे चले गए। पता नहीं कौनसी शक्ति उनमें प्रवेश कर गई कि इस नारी को देखकर वे बड़े करुणामय बन गये। वास्तव में गोपाल नंबोदरी का पारा बहुत चढ़ता है। उनके क्रोध के सामने ना कोई अधिकारी ठहरता है, ना संस्था के कोई सदस्य, क्योंकि यह एक प्रामाणिक व्यक्ति है। नियम के पक्के, किसी के सिफारिश के बारे में नहीं मानने वाले इन्सान, आज मंजव्वा की करुण मुद्रा के सामने हार गए हैं। ऑफिस में आकर मंजव्वा से कहने लगे - "देखो अम्मा, हमारे स्कूल की फी चार हजार है, क्या तुम दे सकोगी ?" चार हजार की बात सुनकर मंजव्वा हैरान हो गई और गिड़गिड़ाते हुए कहने लगी - "साहब मैं तरकारी बेचकर पेट पालती हूँ, मेरा पति पियक्कड़ है। कोई काम नहीं करता, उल्टा मुझे डराता-धमकाता है और हर रोज पीने के लिए रुपये ले जाता है। मेरी हालत पर तरस खाओ साहब, मेरे पास तो चार सौ रुपये हैं। आपके पाँव पड़ती हूँ, हाथ जोड़ती हूँ। मेरी बेटी को दाखिला दीजिए साहब, मेरी बेटी मेरे जैसी कुंजड़न न बने, यह धूप और बारिश में बैठकर तरकारी नहीं बेचना चाहिए। दो अक्षर पढ़ेगी तो कहीं छाँव में काम करके पेट पालेगी। तुम्हारा नाम जिंदगी भर लेते रहेंगे, साहब। इस अभागन पर दया करो।" कहकर उसने गोपाल के चरणों पर अपना माथा टेक दिया।

मुख्याध्यापक उसे संभालते हुए झट से अशोक क्लर्क को बुलाकर डोनेशन और सरकारी शुल्क का ब्यौरा मांगा। उसने देखकर बताया कि बिना डोनेशन ग्यारह सौ रुपये फी होती है। तब नंबोदरी ने मंजव्वा से कहा -" देखो बाई, आपको कम से कम ग्यारह सौ रुपये तो भरना ही पड़ेगा, साथ ही समवस्त्र आदि का खर्च होता है। किताबें मुफ्त में स्कूल की ओर से मिलती हैं। बताओ, क्या करोगी ?" मंजव्वा दुविधा में पड़ गई और सोचने लगी, इतना पैसा कम किए हैं, मेरे पास तो चार सौ रुपये हैं, बाकी के सात सौ रुपये कहाँ से इकट्ठा करूँ, यह सोचते खड़ी थी। अशोक ने पूछा - ""क्या करोगी, अडमिशन कराओगी या नहीं ?" कहने पर मंजव्वा ने कहा - "साहब मुझे कुछ दिन की मोहलत दे दो। मैं पैसे इकठ्ठ करके ले आती हूँ। कहने पर गोपाल सर ने एक परची पर दिनांक तथा रुपये लिखकर उसे थमा दिए और पंद्रह दिन के बाद आने के लिए कहा।

मंजव्वा दस के ब्याज से सात सौ रुपये लाकर घर में भगवान के पास रखी थी, यह सोचकर कि भगवान उसकी बेटी के भविष्य की रक्षा करेंगे। दूसरे दिन बेटी का स्कूल में प्रवेश करा देगी। भगवान भी गोल-गोल पत्थर थे, निर्जीव, पोषाण, कैसे किसी की रक्षा करेंगे ? शैतान पति उन रुपयों को कब उड़ा ले गया, पता ही नहीं चला। रात में पति चार दोस्तों के साथ घर पर आया और पत्नी को खाना पकाने के

लिए आदेश देने लगा ।

इसकी दशा देखकर मंजव्वा को शक हुआ कि इसके पास पीने के लिए कहाँ से पैसे आए। झट से उठी और भगवान के पास जाकर देखती है तो रुपये नहीं थे। पति के पास आकर गुस्से से कहने लगी- ''तू तो निकम्मा है, हमें भी ठीक से खाने नहीं देता, ऊपर से इन कुत्तों को साथ में ले आता है घर पर खाना खिलाने, खाना क्या आसमान से गिरता है ? वे रुपये मैं बेटी के स्कूल की फीस भरने के लिए ब्याज से लाई थी। तूने शराब में उड़ा दिया। अब मेरी बेटी का भविष्य क्या होगा ? हे भगवान !" कहकर दोनों हाथों से अपना सर पकड़कर रोने लगी। इसके दोस्त भाग गए। पति, पत्नी को पीटते हुए कहने लगा - "क्यों मेरे दोस्तों को भगाया, उन्हें खाना नहीं दिया ना ? तू भी नहीं खाना।" कहकर चूल्हे पर पकने वाले चांवल को उंडेल दिया। घर के सभी लोग भूखे ही सो गये। मंजव्वा को रात भर नींद नहीं आयी। बेटी के भविष्य को लेकर सोचने लगी। कभी-कभी यह जीवन छोड़कर चली जाना चाहती थी, परन्तु बेटी का भविष्य इसे अनाहुत करने से रोकता रहा। सुबह फिर से उसी साहुकार के पैर पकड़कर और सात सौ रुपये ले आयी। यह कर्जा इसके लिए जीवन का सबसे बड़ा बोझ बन गया, मगर वह पहाड़ सा बोझ, बेटी के अडमिशन के सामने कुछ भी नहीं था।"

लक्ष्मी अब हर रोज कक्षा के लिए हाजिर होने लगी। इसके पास 'युनिफार्म' नहीं था, सो दूसरे विद्यार्थी इसे देख्कर हँसते थे। स्कूल के समस्त छात्रों में यह अकेली लड़की हर रोज एक ही झगा पहनकर आती थी। यह तो स्कूल के नियमों का उल्लघंन था, परंतु गरीबी के सामने गोपाल सर भी परेशान थे; एक ओर गरीबी के वजन से झुक गए थे, तो दूसरी ओर स्कूल के नियम बनाये रखने की बात थी। सो उस लड़की के लिए हेडमास्टर ने ही दो जोड़ी यूनीफार्म खरीदकर दे दिए। इनके उपकार का बदला कैसे चुकाए, मंजव्वा को नहीं सूझ रहा था।

एक दिन गोपाल सर और उनकी पत्नी तरकारी खरीदने के लिए बाज़ार आये थे। घूमते-घूमते मंजव्वा के ठेले के पास आ पहुँचे । मंजव्वा से बातें करते हुए सर ने पूछा - "क्या बाई, बेटी अच्छा पढ़ रही है ? स्कूल में तो अव्वल है।" मंजव्वा कहने लगी- "साहब आपकी कृपा के कारण मेरी बेटी का अच्छा हो रहा है। भगवान आपके बाल-बच्चों को सलामत रखें। यह लो साहब मेथी की भाजी है, कहते हुए भाजी के पुल्ले उनकी और बढ़ाया। उनके मना करने पर भी वह नहीं मानी। गोपाल सर को भाजी देकर अपने ऋण मुक्ति का आनंद मना रही थी।

बेटी अब आठवी कक्षा में पढ़ रही थी कर्नाटक सरकार की सहायता से लड़की को एक साईकिल मिली थी। साईकिल पर वह धारवाड़ शरह के अनेक गली-मुहल्लों में सुबह-सुबह पेपर डालते हुए घूमती थी। इस काम से जो रुपये मिलते थे, उनका

किताबें लेने तथा अपने खर्च के लिए उपयोग करती थी और बचे हुए रुपये माँ के नाम से बैंक में रखती थी। इस विषय के बारे में माँ को पता ही नहीं था। फिर स्कूल के समय पर स्कूल में रहती थी। रात देर तक अपनी पढ़ाई का काम करती थी। ऐसे ही कई वर्ष गुजर गए।

अब वह अपने ही ज्ञान के बलबूते पर बेंगलूरू में पुलिस अधिकारी बन गई है। आज किसी कारणवश धारवाड़ आयी थी। अपने गुरूजी से मिलने की चाह हुई, सो पुलिस विभाग की कार लेकर सीधा विक्टोरिया हाईस्कूल आ गई। कार से उतरकर एक क्षण अपने बचपन की यादों को हरा कर रही थी। स्कूल के कोने-कोने को, ग्राउण्ड में खड़े होकर निहार रही थी। पुलिस की वर्दी पहनी हुई नारी, शरीर सुडौल, दाहिने हाथ में पकड़ी हुई छड़ी को बाये हाथ पर मारते हुए, चारों तरफ घूमने का विचार कर रही थी। गोपालसर ने आकर कहा - ”नमस्ते मैडम जी.... अं....अं, क्या बात है ? कैसा आना हुआ ? हमारी कोई गलती... क्या बात है मैडम? आईये ना, ऑफिस में बैठकर बाते करेंगे। ओ वेंकटेश, मैडम के लिऐ चाय मंगवाओं, जाओ जल्दी - जल्दी।” लक्ष्मी बिना बातें किए ही, हेडमास्टर जी को सीर से पैर तक जी भरकर देखती रही। इन्हें देखकर आनंद से सोचने लगी - ”हे महानुभाव ! आपके कारण ही तो मैं इतनी बड़ी बनी हूँ।“ गोपाल सर घबरा गए थे, मन ही मन सोचने लगे, मुझसे कौनसा अपराध हुआ जो पुलिस स्कूल तक आयी है, फिर से मैडम को विनंती करते हैं - ”मैडम क्या बात है ? बताइए न, क्यों आना हुआ ?“ तब लक्ष्मी नमस्ते करते हुए कहती है-“सर मैं आपकी फेवरेट स्टुडण्ट लक्ष्मी हूँ । याद कीजिए, आप अभिमान से मुझे ‘मेरी बेटी’ कहा करते थे। वही लक्ष्मी हूँ मैं।“

‘‘बेटी... बेटी, मैं कितना डर गया मालुम, तुम जो मुझे सिर से पैर तक देख रही थी। मेरा तो हृदय ही रुकने वाला था। विचार आ रहे थे, जिंदगी में चरित्र को कभी कलंकित होने नहीं दिया था। आज कौनसा बुरा वक्त आ खड़ा हुआ पुलिस के रूप में - मेरे तो पाँव तले जमीन खिसकने लगी थी। वाह, बेटी वाह। स्कूल का नाम रोशन किया।”

सारे शिक्षकों को ऑफिस में बुलाकर लक्ष्मी का परिचय करवाया। चाय आदि होने के बाद गोपाल सर ने गद्‌गद्‌ स्वर में कहा - ”बेटी तुमने मेरी गुरू दक्षिणा दे दी, मेरे ऋण से तो मुक्त हो गई है। रहा अब देश का ऋण, बेटी सत्य के राह पर चलकर दुश्मनों के इरादों की धज्जियाँ उड़ाते रहना, वह चाहे अपना भाई ही क्यों न हो, देश को बचाने के लिए उसका भी डटकर सामना करना और इस ऋण से मुक्त होने के लिए खुद को क्यों न शहीद होना पड़े, बेटी तुम सदा आगे बढ़ते ही रहना भारत माता को तुम पर नाज होगा।

कहाँ गया तुम्हारा स्वाभिमान

सुलोचना नाम था, परन्तु आँखें तिरछी थी। शायद इस नाम का अर्थ इसके माता-पिता को पता नहीं था। शरीर सुडौल, देखने में सुंदर थी, भरी जवानी की मदहोशी के कारण तनकर चलने से छाती का उभार और उठकर दिखाई देता था। सत्रह साल की सुलु अपनी माँ के साथ रईसों के खेतों में काम करने जाती थी। इसके माता-पिता इसे प्यार से सुलु कहकर बुलाते थे। पिता गौंडी मिस्तरी का काम करता था। इनके अलावा परिवार में इसकी दीदी महादेवी, छोटे भाई बलवीर, अजय, वैभव को मिलाकर सात सदस्य हैं। मुहल्ले में इनके रिस्तेदारों का खूब जमघटा था। इनमें कुछ बड़े ताकतदार और धैर्यशाली थे, लेकिन बुद्धिशाली बहुत कम। सुलु के दोनों भाई बलवीर और अजय नामी पहलवान थे। इन्होंने अपने काका मारूती सिंदे से कुस्ती के दाँव पेंच सिखे थे। इस कारण दलित मुहल्ले में लोग इनसे डरते थे।

जवानी अच्छे-खासे को भी परेशान कर देती है। इसके जाल में जो कोई फंस जाता है, वह अगर सहज रूप से बाहर आने का प्रयत्न करेगा तो समझो वह जीवन में कुछ कर दिखाएगा और सुकून की जिंदगी जिएगा। इसमें जो कोई फंसकर फड़फड़ाते रहेगा, वह कभी जिंदगी में उभरेगा नहीं बस, उसकी अवनती ही होते रहेगी। वही स्थिति आज सुलु की बनी है। वाडी नामक गाँव के सुन्दर युवक के साथ इसकी शादी हुई थी, परन्तु पति को छोड़कर वह कई बार भागकर मायके आती रही। माँ बाप मार-पीटकर वापस पति के घर भेजते रहे, परन्तु वह वहाँ टिक नहीं सकी।

जवानी का नशा और गरीबी की बुरी दशा के मार से तड़प रही थी सुलु। अच्छे कपड़े पहनना, सजधजकर सहेलियों के साथ घूमना इसे अच्छा

लगता था। गरीबी की वजह से इसकी आशाएँ पूरी नहीं हो रही थीं। सुलु ने अपनी इच्छा और भावनाओं को दो साल तक दबाए रखा, फिर संभाल न सकी। इच्छा की पूर्ति करने के लिए राजाराम के मोहजाल में फंस गई, सो फंसी ही रही, कभी बाहर न निकल सकी।

राजाराम अम्बेसांगवी ग्राम का नामी रईस, जो जाति से मराठा है। एक दिन सुलु अपनी माँ के साथ इसके खेत में काम करने के लिए गई थी। तब से उसकी नज़र इस लड़की पर गिर गई। सुलोचना को अपनी ओर आकर्षित करने के लिए राजाराम ने उसे पैसों की आशा लगा दी। शौकीन मिजाज की लड़की अपनी इच्छांए पूर्ण करने के लिए सम्पूर्ण रूप से राजाराम की बन गई। अब वह कोई न कोई बहाना बनाकर घर से बाहर निकलती है और राजाराम से मुलाकात करने लगी। यह बात हवा की तरह गाँव और पूरे इलाके में फैल गई। अब तो राजाराम खुलेआम इसके घर आने लगा था। सुलु की माँ सोचती, गाँव का या स्वतः का कोई काम लेकर इसके घर आता और सुलु की माँ से बताकर चला जाता। वह अपने मुहल्ले की आठ-दस औरतों को साथ लेकर काम पर चली जाती थी, रईसों के खेतों पर, साथ में सुलु भी रहती थी।

हर खेत का मालिक अपने खेतों में कुआँ नहीं खुदवाते। सो मजदूर जिस खेत में काम करने के लिए जाते हैं, उनके लिए पीने के पानी की व्यवस्था करना पड़ता था। पीने का पानी लाने की जिम्मेदारी सुलु को दी जाती थी। वह लड़की दो मील दूरी से घंटे भर में एक घड़ा पानी लाती थी। राजाराम इन मजदूरों को काम पर लगाकर, खुद उस कुएं पर जाकर बैठ जाता था, जहाँ से सुलु पानी लाती थी। यहाँ पर दोनों हंसते-खेलते और रंगरेलियां मनाते रहते थे।

आम्बेसांगवी से भालकी तहसील जाने के रास्ते पर यह कुआं पड़ता है, सो तहसिल को पैदल जाने वाले राहगीर अपनी प्यास बुझाने के लिए इस कुएं पर आ जाते थे। अगर कुएं का मालिक वहाँ पर मौजूद होता तो जाति-भेद करता था और दलितों को कुएं से पानी लेने से मना करता था। ऐसे समय में राजाराम खुद कुएं से पानी उठाता और सुलु का घड़ा भर देता था। ऐसा मौका पाकर वह सुलु का मन जीतने का प्रयत्न करता और मिठाई आदि देकर राजाराम अपनी हवस पूरी कर लेता था। ऐसा ही कई दिनों तक चलता रहा।

मारूती पताके गुरूजी की नियुक्ति इसी गाँव के माध्यमिक स्कूल में हुई थी। इसके पहले इस स्कूल में कोई दलित शिक्षक नहीं आया था। बड़े सज्जन व्यक्ति हैं, सफेद कुरता पाजामा पहनते थे। धूप हो या छाया, बारिश हो या ठंडा हर समय इनके हाथ में एक छतरी रहती थी। इनके स्वभाव एवं स्वाभिमान पर गाँव के सवर्ण जलते थे। साँच को आँच नहीं, सो पताके गुरूजी ने अपने चरित्र पर कभी कोई आँच आने नहीं दिया।

गुरूजी हर रोज भालकी से आम्बेसांगवी को चलकर आते थे। प्यास लगने के कारण उस कुएं पर गए, जहाँ सुलु पानी भर रही थी। सो गुरूजी को भी सुलु ने पीने

के लिए बालटी भर पानी निकालकर दिया। पानी पीकर मन तृप्त हुआ। वे अपने रास्ते चलना चाहते थे, परन्तु थकान सी महसूस होने के कारण थोड़ा आगे जाकर, एक छायादार वृक्ष के नीचे बैठ गए। उस वृक्ष की थोड़ी दूरी से, सुलु और राजाराम एक दूसरे से छेड़छाड़ करते हुए जा रहे थे। इन लोगों ने गुरूजी की ओर नहीं देखा। जरा आगे जाने के पश्चात्, राजाराम सुलोचना को फसल भरे खेत में ले गया और मनचाहा उसके शरीर से खेला, फिर हाथ में रूपये थमाकर भेज दिया। सुलु अपना भरा हुआ पानी का घड़ा उठाकर खेत की ओर चलती बनी। इस घटना को पताके गुरूजी ने अपनी आखों से देख लिया, सो परेशान हो गये। इनके मन में विचार आता है कि कहीं यह लड़की दलित तो नहीं है? यही चिंता इनके मस्तिष्क को खाये जा रही थी।

स्कूल जाने के लिए गुरूजी अपना रास्ता नाप रहे थे। रास्ते में पंडरीनाथ शिंदे से मुलाकात हो गई। गुरूजी ने उससे उस लड़की के माता पिता के बारे में जानकारी हासिल की और एक दिन समय निकालकर उनके घर पर चले गए। दलित मुहल्ले में गुरूजी की बड़ी इज्जत थी, सो खटिया पर बिस्तर बिछाकर बिठाया गया। चाय-पानी की व्यवस्था भी की गई। सुलु के घर में माँ-बाप भाई बहन सभी थे। गुरूजी का आदर सत्कार करते हुए इनको बहुत खुशी हो रही थी। बातें करते हुए आधा घंटा बीत गया। गुरूजी स्कूल जाना चाहते थे, यह जानकर सुलु की माँ पूछती है- "गुरूजी किसी काम के सिलसिले में आये थे ?''

गुरूजी बोले - कोई महत्त्वपूर्ण काम तो नहीं है, बस बलबीर और उनके पिता के साथ बातें करनी थी। फिर गुरूजी बलबीर और पिता से कहते हैं - ''आप दोनों मेरे साथ आइए एकांत में बातें करनी है।" यह सुनकर सुलु के पिता के मन में संदेह हुआ- 'कहीं मेरी बेटी के बारे में तो बताने नहीं आए हैं गुरूजी ? जो आजकल इसके प्रेमजाल की बात पूरे गाँव में चल रही है।' थोड़ी दूर चलकर तीनों शांत जगह में बैठ गए।

गुरूजी - सुलोचना आपकी बेटी है।

पिता - हाँ गुरूजी, क्या बात है ?

गुरूजी-"देखिए, हम नागवंश के लोग हैं। हमारी संस्कृति सम्मान योग्य थी। हम लोग बड़े मेहनती और स्वाभिमानी थे और आज भी हैं। सवर्णियों ने हमारे पूर्वजों पर हमला करके हमारे भविष्य का सर्वनाश किया और हमें

गुलाम बनाया है।"

पिता- 'गुरूजी आप क्या बताना चाहते हैं ? साफ-साफ बताइए, हमें तो कुछ भी समझ में नहीं आ रहा है।'

गुरूजी- “नाग को अगर अध-कच्चा मारकर छोड़ेंगे तो वह किसी कीमत पर भी बदला लेने पर अड़े रहता है। फिर हम भी तो नागवंशी हैं। संघर्ष ही हमारा धर्म है। समता ही हमारी नीति है। बाबा के स्वाभिमानी विचारों को अपनाकर समाज में सम्मान से जीना चाहिए। बलवीर, तुम तो बी.ए. तक पढ़े हो। घर में अम्बेडकरी विचारों को अपनाने की सीख देनी चाहिए और जो कोई हम पर अत्याचार करता है, उसका विरोध करने की शक्ति और ज्ञान को दलितों में जगाना चाहिए। कब तक ऐसा ही, वे हमारी माँ-बहनों की इज्जत लूटते रहेगें ? और हम आँख मूंदे बैठे रहेगें। कब तक हमारा समाज गुलामी की जंजीरों में जकड़े रहेगा ? क्यों आप युवा पीढ़ी संघटित होकर ऐसे कुकृत्यों का विरोध नहीं करते ?

शिक्षित अशिक्षितों के मार्गदर्शक बनें, उन्हें कानून और-जीवन के महत्व का परिचय करायें, उनके मन में अपनों के प्रति स्वाभिमान जगाए।“ बलवीर, कहाँ गया वह तुम्हारा स्वाभिमान ? जो तुम हॉस्टेल में रहने तक, दलित समुदाय के सुधार के लिए मर मिटते थे, कहाँ गई वह अस्मिता? आज उसी की जरूरत है, आपके गाँव के दलितों को जगाने और सवर्णों के कुकर्मों को मिटाने के लिए। सवर्णीय जवान लड़के, हमारे लड़को के साथ दोस्ती बांधकर, हमारे घर तक आते हैं और मौका मिलते ही हमारी माँ-बहनों को हवस का शिकार बनाते हैं।

बलवीर- हाँ गुरूजी, सही है, कल की ही बात है, भरत ने कटयाप्पा के घर में घुसकर उसकी बहन पर बलात्कार किया, पर किसी ने कुछ भी नहीं कहा।

गुरूजी - क्यों उन्हें घर तक बुलाते हो? क्या कभी उन लोगों ने दोस्ती के खातिर आपको उनके घर पर बुलाया है? नहीं ना? तो फिर तुम क्यों उन्हें पटेल-पटेल कहकर, बड़ी उपाधि देकर, घर में घुसाड़ लेते हो। जगाओ

अपनी खोयी हुई अकल को, अभी भी कुछ नहीं बिगड़ा है, सुधर जाओ, नहीं तो घर का भेद रास्ते पर आ जाएगा। यह मेरी सलाह नहीं है, बस आपको जागृत कर रहा हूँ। ऐसा कहकर गुरूजी स्कूल की ओर चले गए।

रास्ते में इनकी मुलाकात अंबरिश से हुई, जो बी.पी.एड., बी.एस.सी. पढ़ा है। इसने मुहल्ले की बिगड़ती हुए स्थिति पर चिंता जताई और गुरूजी से कहने लगा - “गुरूजी मुहल्ले में एकता न होने के कारण ही सवर्ण के जवान, बूढ़े सभी पुरुष हमारी माँ, बहनों पर नज़र डाल रहे हैं। उन लोगों ने हमारे मुहल्ले का नाम ‘प्रेमनगर’ रखा है। उन्होंने शराब की दुकाने हमारी गलियों में ही खोल रखी हैं, ताकि इसी मुहल्ले का नाम बदनाम हो। शराबी यहीं शराब पीते हैं और इन्हीं के औरतों के साथ रात गुजारने का प्रयत्न करते हैं। यहाँ अनेक घर, हैं जो सवर्णो ने इन्हें रखेल बनाकर रखा है । हमारी गली में कुछ लोग हैं जो यहाँ का भेद ले जाकर गाँव में बताते हैं। जब वह

व्यक्ति सवर्णो की गली में जाता है तो उसे 'पोस्टमेन' कहकर बुलाते हैं। ऐसे युवक ही हमारी एकता में बाधा ला रहे हैं। बताइए गुरूजी, अब हमें क्या करना है ?

गुरूजी- "तुम जितने भी शिक्षित हैं, सब एक बनों। भले ही सभी के मन समान न हो, आपकी अपनी-अपनी अनेक समस्याएँ भी होगी। फिर भी आप सब मिलिए और एक जगह बैठकर इन परिस्थितियों पर विचार, चिंतन कीजिए। ऐसे कार्यों में आगे होने वाले का नाम बदनाम हो सकता है परन्तु पूरे समाज के हित के कारण कुछ त्यागना पड़ता है। कोई एक आगे बढ़कर अपने समाज में जागृति लाते रहो। यह काम क्षण में नहीं होता, कुछ समय लगता है। अच्छाई की ओर लोग आहिस्ता-आहिस्ता आकर्षित होते हैं लेकिन बुराई पर टूट पडते हैं। हमारे लोग अभी भी गहरी नींद में सो रहे हैं, इन्हें जगाना होगा।

कुछ लोग बड़े स्वार्थी होते हैं, लेकिन आपकी कार्यक्षमता की सच्चाई का पता चलने पर, वे भी आपका साथ देंगे। हम हमारे मुहल्ले के भाई बहनों में अस्मिता जगाएँ, ना कि उनपर हमारा ही अत्याचार बढ़ाते रहें। पुराने वैरत्व को भूलने और कुकर्मो को मिटाने के लिए थोड़ा सा समय चाहिए। आप हिम्मत न हारें, निडर होकर पथ के पथिक बने रहे। सफलता एक दिन आपके हाथ लग जाएगी।

गुरूजी के विचारानुसार गली की समस्त युवा पीढ़ी एक बनी और वे हर घर द्वार जाकर जीवन की सच्चाई और स्वाभिमान का प्रचार करते रहे। इसके परिणाम स्वरूप गली के बहुतेरी महिलाएँ इस क्रान्ति में भाग लेने लगीं और अपने जीवन में सुधार लाने लगी।

सुलोचना भी इस सुधारवाद की सदस्य बनी है। इसके परिणाम स्वरूप सुलु ने राजाराम से ही शादी कर ली। राजाराम ने अपनी पहली पत्नी को तलाक दे दिया और सुलु के साथ 'भीमगीत' भजन मंडली में अपना सेवा योगदान देने लगा। दोनों मिलकर अब दलितों में जागृति लाने का कार्य, गीतों के माध्यम से कर रहे हैं।

दूसरी शादी

खड़, खड़, खड़ खड़, खड़... महादेव, देखो तो, आज यह मेरी जीवन साथी कितनी सता रही है। कपड़ा सीना चाहता हूँ लेकिन बार-बार धागा तोड़ रही है। यह मुझसे क्यों रूठ रही है? पता नहीं, अगर यह बातें करती तो, इसे बता देता कि मैं इसे कितना प्यार करता हूँ।

महादेवः अरे नारायण, बीते पंद्रह सालों में कभी तेरे मुख से प्यार की बातें नहीं सुनी थीं, पर आज अचानक यह प्यार-व्यार की बातें सुनकर, मुझे लग रहा है, कहीं तू शादी ब्याह करने का तो नहीं सोच रहा है ?

नारायणः अरे भाई, मेरे जैसे गरीब और अधेड़ उम्र वाले को कौन लड़की देगा। शादी ब्याह की बातों के बारे मे सोचना तो मैं पंद्रह साल पहले भूल चुका हूँ। एक बार जो जीवन में ब्याह हुआ था, वही मेरा साथ छोड़कर चली गई, अब शादी करके क्या करूं, आह...! शायद दुःख झेलने के लिए ही जीवित हूँ मैं ?

नारायण एक साधरण टेलर था। उसके पास कपड़े सीने की एक मशीन थी। वह उसे अपनी जीवन साथी 'मेरी ऊषा' कहता था। एक छोटा-सा किराये का कमरा, जिसमें एक पलंग डाला गया है। एक कोने में खाना पकाने की सामग्री रखी गई है। स्टोव पर ही खाना पकाता है। चार-छह बर्तन, जो एक तखत पर रखे है। रात के आठ बज रहे थे। नारायण ने स्टोव जलाकर पुलाव पकाने के लिए रखा है। बैठे-बैठे एकटक निगाह लगाकर स्टोव की आग को निहार रहा था। वह आग इसकी आँखों को ऐसी दिखाई दे रही थी, मानो एक संगिनी बनकर इसका जीवन सुधारने वाली है और प्रेरित कर कह रही है - "हे नारायण ! क्यों नहीं सुलगती तेरे हृदय में यह प्रेमरूपी आग ? दूसरा विवाह करके क्यों अपने जीवन को प्रकाशमान नहीं बनाता? बीते दिनों को भूल जा और भला कर ले भावि जीवन का। उठ, कोई तेरा इन्तजार कर रहा है।"

आग से यह प्रेरणा पाकर नारायण चकित हुआ और घबरा के इधर-उधर

देखने लगा। कौन मेरे साथ अब तक बातें कर रहा था ? कौन-हो, कौन हो ? कहकर कमरे में चारों ओर झांकने लगा। वहाँ तो सिर्फ स्टोव की आग इसे देखकर हंस रही थी, इसके बावलेपन पर। पुलाव तो पका परन्तु नारायण भोजन किए बिना ही, महादेव की ओर दौड़ा-दौड़ा चला गया और अपने विचारों को उसे सुनाया।

महादेव -"तो महाराज, दूसरी शादी करना चाहते हैं ? भाई, पहली पत्नी को आपसे बिछड़े हुए पंद्रह वर्ष हो चुके है। मैं तुम्हें बार-बार हिदायत देता रहा, कि दूसरी शादी कर लो, तब तो तुमने नहीं सुना, पंद्रह वर्ष से जवानी को इस तरह जलाया कि कोई कुंजड़ा मकई के भुट्टे को आग में जलाता है। अब यह अचानक जवानी कहाँ से उभर आई है ?"

नारायण - मैं गायत्री को बहुत प्यार करता था। उसके बगैर एक क्षण भी नहीं रहता था परन्तु वह मुझे धोखा देकर चली गई। मैं जानता हूँ, मैने कैसा जीवन जिया है उसके बिना। मेरी वेदना और कोई नहीं जानता।

महादेव - अरे तू कैसा यार है रे, वह तो मुझे छोड़कर चली गई और तू उसका भला चाहता है ? अरे, किसी गरीब लड़की से विवाह कर, उसे जीवन आधार दे, तब तेरे सपनो का संसार सजेगा। वर्ना खयालों में ही खोना पड़ेगा। एक नारी को भूलने के लिए दूसरी नारी का सहारा लेना बहुत जरूरी होता है, जैसे काटे से काटा निकाला जाता है।"

नारायण - दोस्त, इस उम्र में मुझे कौन पसंद करेगा ? सारे बाल सफेद होने लगे हैं। चिंता के कारण शरीर भी शिथिल हो चला है। अगर मेरा भाई रहता, तो मुझे हिम्मत मिलती, मैं अकेला क्या करूं ? कुछ सूझता ही नहीं। बुद्धि भ्रमित हुई है। उसके दो बच्चे हैं और विधवा भी तो है। उनकी देखभाल भी मुझे ही करनी पड़ती है। यह दुनिया भी कैसी निर्दयी है ? देख, गरीबो पर ही समस्याओ का पहाड़ टूटा करता है और गरीब ही उसे झेलते हैं, कोई ईश्वर बचाने आता है इन्हें ? आज तक मैंने तो न सुना और देखा नहीं है।

महादेव - देख दोस्त, जहाँ चाह होती है, वहाँ राह मिलती है। मैं तेरे लिए लड़की ढूंढता हूँ। तू चिंता मत कर, यह तेरा दोस्त जीवित है न अभी।

नारायण - अरे यार, सच मेरा जिगरी दोस्त है रे! देख मेरा खास चाचा भी मेरा दुश्मन बना है। वह चाहता है कि मेरी आधी जगह उसके नाम हो जाये। इस विषय को लेकर, कोर्ट में केस चल रहा है, बस कुछ ही दिनों में वह केस मेरे हक में ही जायेगा। तब शादी करुंगा और तेरी तम्मन्ना भी पूरी करुंगा।

महादेव - कोर्ट का केस कब तक चलेगा, आज तक किसी ने भी नहीं जाना है। जिस तरह सागर की गहरायी का पता नहीं चलता, उसी तरह कोर्ट का मामला भी

कब सुलझेगा, पता नहीं चलता। अब देर मत कर, तैयार हो जा। मेरे मित्र की बहन, द्राक्षायणी नाम है उसका, वह बड़ी सुशील, रूपवती और काम करने में बहादुर भी है। तेरा जीवन सुधर जाएगा। बोल, क्या कल जाकर बात करूं ?

नारायण - तेरी मर्जी दोस्त! मैं क्या कहूँ तुझे....।

दोनों गरीब परिवारों को न कुछ देना पड़ा, न लेना, 'मिया बीबी राजी, तो क्या करेगा काजी'- के जैसा युवक-युवती ने एक दूसरे को पसंद किया और विवाह संपन्न हो गया। नारायण ने निश्चय किया था कि जीवन में कभी शादी ही नहीं करना चाहिए। पर, समय को देखो, 'झट मंगनी और पट शादी' हो गई। पत्नी जीवन में आने के उपरान्त नारायण बड़ा ही तेज विचारक बन गया। खाना पकाने में भी अभिरुची दिखाने लगा। पहले तो कच्चा-पक्का साधारण भोजन पकाता था, परन्तु अब तो उसने नल महाराज को भी पीछे छोड़ दिया है। पति-पत्नी अब मजे में रहने लगे थे। देर रात दोनों बातों में खोये रहते थे। एक दिन ऐसे ही बातों-बातों में पत्नी पूछ बैठी - ''इतने दिन तुमने क्यों विवाह नहीं किया जी? फिर पंद्रह वर्ष से आप क्या किसी नारी के संपर्क में भी नहीं आए ?'' तब नारायण ने कहा- ''जीवन में एक बार नारी सुख भोगने की इच्छा हुई थी, सो एक वेश्या से संपर्क किया था। वह पाँच मिनट के लिए पाँच सौ रूपये मांग रही थी। मैंने उसकी यह शर्त भी मान ली, सोचा था, वह थोड़ा समय पत्नी बनकर सुख देगी। परन्तु उसने ना मेरे साथ प्यार से बातें की, ना अपने शरीर से स्पर्श करने दिया। कहने लगी, ज्यादा समय मत लो, अपना काम निबटा लो और चलते बनो। हमें दूसरे गिराईक के लिए तैयार होना है। पैसे तो पहले ही ले चुकी थी। सो मैं कुछ नहीं कह सका। तब मुझे पता चला, प्यार कभी पैसों से खरीदा नहीं जाता। कामतृप्ति हो सकती है, लेकिन पत्नी का प्यार नहीं पा सकता। सोचकर, मैंने अपने मन को मारकर पंद्रह वर्ष बिता दिये। इस पंद्रह वर्ष की तपस्या का फल ही आज तेरे रूप में मिला है।

द्राक्षायणी - आप एक नेक इन्सान हो, शायद इसलिए हमारी जोड़ी बनी है। खुले मन से बातें करना मुझे भाता है। आपने भी तो 'दूध का दूध' करके कह दिया। आपने अपने जीवन में बीती हुई, एक-एक घटना मुझे बताकर, मेरा मन जीत लिया है।

नारायण - पति, पत्नी जीवन रथ के दो पहियों के समान होते हैं। मेरी असलियत आज नहीं तो कल तुम्हें पता चलेगी ही। तब दोनों के मन में दरार पड़ जायेगी। इसके बजाय हमें आपस में अपने विचारों को क्यों नहीं बताना चाहिए ? ऐसा करने से, एक दूसरे के प्रति गलतफहमी नहीं होगी, बल्कि प्यार बढ़ेगा, प्यार।

द्राक्षायणी - ये सब ठीक हैं, लेकिन मेरे मन में और एक बात खल रही हैं,

आपने अपना पुस्तैनी काम, चप्पल बनाना क्यों छोड़ा ?

नारायण - ये कहाँ का नियम है कि चमार चप्पल ही बनावे, कुम्हार मटकी ही बनावे, ढोर चमड़े का काम करे। यह नियम तो हम इन्सानों ने बनाएँ हैं। मैं बारहवीं कक्षा तक पढ़ा हूँ। फिर समाज में सम्मानजनक जिंदगी जीने की इच्छा मन में जगी। इसलिए चप्पल बनाना छोड़कर, कपड़े सीना सीख लिया आज मैं टेलर तो कहलाता हूँ, फिर भी लोग मुझे, 'चमार का नारायण' के नाम से ही जानते हैं। यह तो इस देश की विडंबना है। इन नियमों को बदलने के लिए, पहले हमें बदलना होगा। हमें अपनी मानसिकता बदलनी होगी। जिस प्रकार अब मैं बदल गया हूँ, पहले तो विवाह नहीं करना चाहता था। परन्तु विवाह होने के पश्चात मेरे मन में आशा जगी कि मैं भी कुछ करूं। समाज में मेरा भी एक वारिस हो। तुम्हारे खुले विचारों से मैं आशावादी बनकर जाग गया हूँ। हमें यह आशा रखकर जीना चाहिए कि पुस्तैनी काम भी एक-ना-एक दिन, हम छोड़ देगें और खूब पढ़ेंगे, तभी हमे समाज में सम्मान मिलेगा।

इस कार्य में हमारी माँ, बहनों को आगे आना चाहिए। द्राक्षायणी, तू अनपढ़ है, फिर भी तेरे पास समाज का अनुभव है। तुझे भी सामाजिक सेवा में आने के लिए पढ़ाई की जरूरत है। सो तुम्हें 'नाईटस्कूल' में प्रवेश लेना चाहिए। हम दलितों को गाँव के हाशिए पर रखा गया है। इन्हें सामाजिक न्याय दिलाना है। इस कार्य में हम पति-पत्नी को आगे आना होगा। देख द्राक्षायणी, अगर मैं दूसरी शादी नहीं करता, तो मेरे यह सारे सामाजिक सुधार के विचार अंदर ही दबे रह जाते। तुम जब से मेरे जीवन में आई हो, तभी से मैं सामाजिक चिंतन कर रहा हूँ। किसी ने सच ही कहा है कि एक पुरूष के जीवन में परिवर्तन लाने के लिए, एक सुशील, गुणवान महिला की जरूरत होती है। इसे भी जानना जरूरी है। जैसा कि ये धूर्त लोग कहते कुछ और हैं, करते कुछ और हैं। ये कहते हैं कि हम तो भेदभाव कभी नहीं करते, परंतु दलितों को वे अपने घर में कभी नहीं बुलाते। ऐसी नीति का हमें मुहतोड़ जवाब देना है। यह मात्र बाबासाहब के इन विचारों से सफल हो सकता है- शिक्षित बनों, संघठित रहो और संघर्ष करो। समाज में समानता आएगी 'बुद्ध धम्म' के तत्वों से, यह विश्व में एकमात्र वैज्ञानिक धम्म है, जो विश्व में शान्ति ला सकता है और जातिवाद को मिटाने में सहयोग कर सकता है। मैंने तय किया है कि अगर जीवन में सम्मान मिलेगा तो बुद्ध धम्म से, इसलिए आने वाले अक्टूबर को नागपुर जाएंगे, 'बुद्ध धम्म' को अपनाएंगे और जीवन को सफल बनाएंगे। इस छत्तीस करोड़ देवी-देवताओं की पूजा करते रहेंगे तो हमारा जीवन बर्बाद ही होगा, कभी सुधार नहीं होगा, इन्हें त्यागकर धम्म के शरण में चलें।

2008 का अक्तूबर महिना, नागपुर में दीक्षाभूमि पर सम्राट अशोक विजय

दशमी के दिन चारों और फूलों और विद्युत दीपों से सजा, जगमगा रहा था। एक ओर मंच सजा था करीब 12 फुट ऊँचाई पर मंच पर अनेक भिक्षु बैठे थे। लाखों लोगों की भीड़ थी, जिसमें बूढ़े, बच्चे, औरतें, नौजवान और आदमी थे। देश ही से नहीं, विदेश से भी हजारों लोग आए थे। कहीं कोई शोर नहीं, कहीं कोई असुविधा नहीं, कहीं कोई अराजगता या भगदड़ का माहौल नहीं था। चारों तरफ शान्ति थी। मंच से आवाज आ रही थी, बस थोड़ी देर में भंते सुरई ससाई सभी धम्म बन्धुओं को पंचशील ग्रहण कराएंगे। सभी लोग जहाँ बैठें थे, वहीं पर खड़े हो गए। इसी जनसमूह में नारायण और द्राक्षायणी भी हाथ जोड़े हुए, खड़े हो गए। भन्ते सुरई ससई अपनी मधुर वाणी में लोगों को दीक्षा देने के लिए पंचशील का उच्चारण कर रहे थे- बुद्धम शरणं गच्छामी, धम्मं शरणं गच्छामी, संघं शरणं गच्छामी।

रोटी की तलाश

'बेटी उठो, भोर का तारा निकल आया है। जाओ बेटी, जंगल जाकर औदुंबर चुनकर ले आओ। देर हो जाएगी, तो आज भी काम पर नहीं लगायेगा जमीनदार, जल्दी आना अम्माँ, देर मत करना'' -कहकर आंगन को झाड़ू लगाने परबती बाहर चली गई।

जाड़े के दिन थे। पुरबी ने अपने ठंडे झोंके से परबती के शरीर पर रौगँटे खड़े कर दिये थे। वह सिहरी और अपने बाहों को छाती से चिपका दिया, ताकि ठंडी से बच सके। ठंडी से डरकर वह ज्यादा देर तक नहीं बैठ सकी, नहीं तो काम पर जाने के लिए देर हो जाती। सो ठंड से अकड़े हुए हाथों से ही झाड़ू पकडकर आंगन स्वच्छ करने लगी। बड़ी बेटी सीमा, बिछाने से उटकर आंगन में माँ, के पास आ गई। ठंडी के मारे थरथरा रही थी। उसे देख माँ ने कहा -

''बेटी बिछौना को ओड़ लो, नहीं तो ठंडी से अकड़ जाएगी।'' बिछाना क्या, वह तो जर-जर चिंदियों के चीथड़े थे। बस उन्हीं को शरीर के नीचे -डपर डालकर ठंडी से बचने के लिए सीर घुटनों के बीच फंसाकर शरीर को एक मुददा (गोला) बनाकर सो जाते थे। दिनभर की कड़ी मेहनत से थकान होती, दिल सोना चाहता था, आँखे बार-बार मुंदा करती, लेकिन भूख की बडवाग्नि की लपटें पेट में वेदनाएँ उठा देती थीं। इस जलन को ठंडा करने के लिए पेट में कुछ हजम योग्य अन्न, डालना पड़ता है ना। इसिलिए माँ ने सीमा को फल चुनकर लाने के लिए कहा था।

''माँ, मैं जा रही हूँ जंगल की ओर, छोटी को ओढाकर सुलाया है। लो मैं चली।'' कहते हुए नंगे पैरों से जंगल की ओर प्रस्थान करने वाली सीमा बेटी ने सिर पर एक सिन्धी की टोकरी डाल ली है। हाथ में लंबी छड़ी पकड़कर, मुंह अंधेरे ही अपनी रोटी की तलाश में निकल चली। धोबी के खेत को पहुंचने तक उजाला अपनी पौ फैला दिया था। जंगल के शांत वातावरण में पक्षियों का कलनाद कानों को मनोरंजित कर रहा था। कोयल अपनी सुरीली आवाज में कुहू-कुहू का

गान गा रही थी। उसके सुर में सुर मिलाते हुए सीमा, कुहू-कुहू की धुन को दुहराती हुई उछलती, कूदती, कभी छलांग लगाते हुए पेड़ के नजदीक जा रही थी।

गाँव के पश्चिम में धोबी के खेत से होकर 'खडकाली' का नाला बहता है। इसी नाले के किनारे औदुंबर का एक विशाल पेड़ अपनी बाहें फैलाये खड़ा है। कई वर्षो से इस पेड़ ने गरीब इन्सानों और जानवरों की भूख मिटाने के लिए उन्हें बुलाकर अपने फल देते आया है। सीमा भी इसी वृक्ष से गिरे हुए फल चुनकर लाती और अपने परिवारजनो की भूख बुझाती थी। आज जाने के लिए क्या जरा देर हो गई है। पेड़ के नीचे ही चारो ओर नज़र दौडाई, सिर पर की टोकरी उतारकर जमीन पर रख दी। खुशी के मारे पागल सी वृक्ष के नीचे ही चारों ओर दौड़-दौड़ कर फलों को निहारते हुए, दो फल लेकर खा रही थी, दूर से किसी की आवाज सुनाई दी -

''कौन है री, पेड़ के नीचे ?'' आवाज रौबिली थी। सीमा जान गई कि खेत का मालिक फकीरचंद है। ये तो बडा घाघ इन्सान है, मुझे पकड़ेगा तो मारेगा, सोचकर उससे बचने के लिए दौड़ना चाहा। परन्तु फकीरचंद के लंबे-लंबें झाँपों (डगों) के सामने सीमा का दौड़ना, चलना सा बना। इसके खेत से एक तिनका भी हिलने नहीं देता था। खेत में उसके रहते हुए, किसी की हिम्मत नहीं होती थी कि वहाँ कदम रखें। साफ-साफ जाति को संबोधित करके झिड़किया देता था। कभी-कभार मारने के लिए आंग पर ही आ जाता था। सीमा फंस गई, वह मारते हुए कहने लगा-

''तुम्हारी माँ की... , यहाँ क्या तुम्हारी माँ को नीचे डालने के लिए आती है। ढेढ, रंडी चल यहाँ से, और एक बार अयगी तो कमर तोड़ दूंगा, समझी।'' कहते हुए सीमा की कमर पर जोर की लात मार दी। लड़की मुह के बल गिर गई। मुंह में मिट्टी घुस गई। फल खाने आयी थी, मिट्टी चाटते चली जा रही थी।

खाली हाथ, रोते हुए घर लौट गई। सारा किस्सा माँ को सुनाने पर, माँ ने उसे समझा-बुझाकर पड़ोस के खेत से जंगली सब्जी के पत्ते चुनकर लाने के लिए कह दिया। लोग उसे छूते भी नहीं थे। परन्तु वही सब्जी इनकी भूख मिटाती थी। 'तरवटे की भाजी' लाकर उबाली गई। स्वाद बढ़ाने के लिए इसमें थोड़ा सा नमक मिलाया गया। माँ-बेटी दोनों ने उसे ही गले के नीचे उतार लिया और काम पर निकल गयी।

देखते-देखते दिन सर पर चढ़ गया था। जमीनदार का डर इनके कदमों को गति देने लगा था। सीमा अपने सिर पर दो टोकरी, कुदाल, फावड़ा रखकर दोनों हाथों से कसकर पकड़कर चल रही थी। दिल में अजब आत्मशक्ति भर आई थी। मुख पर मेहनत करने का धैर्य की चमक, चमक रही थी। चलते-चलते कभी पीछे मुड़कर देखती, माँ अपने पीछे है, यह भरोसा होने पर अपने कदमों को और इतना गति देती और लंबे डग भरते चलने लगती, इस कारण उसकी कमर में लचक आ

जाती थी। माँ के बगल में आठ महिने का शिशु था। सो उसके चलने की गति में प्रगति नहीं हो रही थी।

हाथ में छड़ी लिए जमीनदार खेत की मेड़ पर खड़ा था। मुनीम, मजदूरों को जमीन नापकर दे रहा था, बरास खोदने के लिए। दस गुना दस, खड्डे को एक बरास कहते थे। उससे निकली हुई मिट्टी को खेत के मेड़ पर चढाया जाता था, ताकि बारिश का पानी खेत से बाहर न जाए। एक बरास की मजदूरी तीन रुपये थी। एक किलो ज्वार की किमत दो रुपये थी। माँ बेटी मिलकर दिनभर एक बरास भी नहीं खोंदते थे। काम करने के लिए ताकत की आवश्यक्ता होती है। ताकत खाने से आती है। इनके पास न अन्न था, ना ताकत, फिर कैसा काम करते बेचारे ? अन्य लोग दिन में तीन या चार बरास खोदते और उस खेत में जगह न होने के कारण दूसरे खेत में चले जाते थे। इनका बरास पूरा न होने के कारण, माँ-बेटी दोनों उसी खेत में दिखाई देती थीं। नापने के लिए इनके पास ना टेप था, ना कोई पट्टी। बरास तो चारो तरफ से चौकोना गहराई में एक फुट होना चाहिए। इनका बरास ऐसा नही होता था, चारो किनारों से भी बढ़कर बीच में ज्यादा गहराई होती थी। इस कारण इनकी मेहनत बेकार चली जाती थी। मेहनत करते रहो और पैसा आठ दिन में एक बार पाओ। आठ दिन की भूख एक दिन में तो नहीं मिटाई जाती। सो जंगल में मंगल मनाते और भूख मिटाने जंगली सब्जी या फलों का प्रयोग करते। ऐसा करने वाली पार्बती को और एक विपत्ती ने घेर लिया।

छोटी बेटी ने भूख के कारण रो-रोकर जमीन-आसमान एक कर दिया अपने अड़ोस पड़ोस वालों को अपनी और बच्ची की भूख की भनक न लगे, इसलिए बेटी को लेकर थोड़ी दूर एक बबूल के पेड़ के नीचे जा बैठी। 'आँखे भर गई', दुख छाती को दबा रहा था, कंठ रुंद गया, दुःख का सैलाब कब फूटेगा, पता नहीं चल रहा था। भगवान को कोसते हुए पारू ओठो में ही बड़बड़ाने लगी -

"कैसा भगवान है तू ? देने वाले को बहुत कुछ दिया है, मुझे एक समय की रोटी भी नहीं दे सकता ? तू क्या देगा ? तू तो निर्दयी है, इसलिये ही मेरे कमाने वाले पति को छीन लिया है। तुझे मिन्नते मांगकर कौन रिश्वत देता है, तू उसे ही देता है। मेरे पास खाने को कुछ नहीं हैं तुझे क्या दूं। अरे ऊपर वाले, मैं औरत हूँ। तू भगवान है। मुझसे कुछ लेने के लिए तुझे शरम आनी चाहिए। गरीबो को सताने में ही तुझे अच्छा लगता है। सताने वाले को कौन मानता है, बोल ?" कहते हुए बालिका को स्तनपान कराने के लिए मुंह में स्तन रखती है। दूध न आने के कारण शिशु स्तन को जोर-जोर से चूसने लगा था। गुस्से में आकर, आये हुए दो ही दातों से स्तन को काटने लगा।दूध की जगह बालिका के मुख से लाल रक्त लार के रूप में बाहर आने लगा

था। बच्ची को पीने के लिए स्तन में दूध नहीं है, सोचकर माँ ने सीमा बेटी को बुलाकर बताया -

''बेटी यहाँ से थोड़ी दूर गणेशपुर वाड़ी है। वहाँ जाकर किसी के घर रोटी माँगकर लाओ। पेट में कुछ भी नहीं है, छुटकी के लिए दूध नहीं आ रहा है। वहाँ जाने के बाद, अपने पिता का नाम बताना। कोई खाली हाथ नहीं भेजेंगे। तुम्हारा बाप इसी गाँव में कुनबियों का बड़ई का काम करते थे। जाकर जल्दी आना बेटी, नहीं तो हमारा काम पीछे रह जाएगा।'' सीमा, रोटी माँगने चली गई।

छोटी की आँख लग रही थी, सो सुलाने के लिए पारबती दाहिने हाथ से जमीन साफ कर रही थी और बांए हाथ से लड़की को संभाली हुई थी। जगह साफ करते समय उंगली में कांटा चुभे जैसा भास हुआ। बेटी को गोद में डालकर उंगली से कांटा निकालना चाहा, परन्तु उंगली में कांटा नहीं था। वहाँ काटे हैं, सोचकर, दूसरे वृक्ष के नीचे जा बैटी थी पार्बती। क्षण में ही स्वास्थ में कुछ बदलाव दिखाई देने लगा। आँखे धुंधली सी होने लगी, सर वजन होने लगा। ऐसा क्यों हो रहा है, सोचकर, पार्बती ने शंकरेप्पा कौडगावें को बुलाया - ''धरी, थोड़ा इधर आवों जी, उस पेड़ के नीचे जमीन साफ करते समय कांटा चुभे जैसा हुआ। वहाँ से उठकर यहाँ आकर बैठ गई। तब से मेरी आखें मंद होने लगी हैं, सिर भारी हो गया है। मन सोना चाह रहा है।'' शंकरेप्पा को शक हुआ, सो पूछा- ''पारबता बता तो सही, वह जगह''- बताने पर कुदाल से खोदा तो अंदर से नाग सर्प बाहर आ गया। सांप देखकर पार्बती घबरा गई। शरीर में खून दौड़ने लगा जहर सारे शरीर में फैल गया, घबराकर वह बेहोश हो गई। शंकरेप्पा अकेला अपनी पीट पर लादकर गणेशपुरवाड़ी की ओर ले जा रहा था दवा डलवाने। यहाँ गणपतराव सांप का जहर उतारता था।

सूखी हुई रोटी और सब्जी, पल्लु में बांधकर सीमा काम की ओर आ रही थी। दिल में उमंग, खाना मिलने की चेहरे पर खुशियाँ, कदमों में जादुई चाल, झूमते हुए आते समय हिलने वाले मोटे-मोटे गोरे गाल धूप लगने के कारण लाल हो गए थे। हाथ में पकड़ा हुआ रोटी का एक टुकडा, इसकी आशाओं का अमृत बना था। उसे हाथ का टुकडा, पल्लु में बांधे हुए रोटियों से भी रूचिकर महसूस होने लगा था। सो बार-बार उसे चूसते हुए आ रही थी कभी टुकड़े के कोने को दांतो से जरा सा काटकर चबाती रहती, निंगलने का नाम नहीं लेती थी। इस कारण मुंह में लार भर जाती थी, गाल फूलने लगते थे, तब निगला करती थी। मुंह में भरा हुआ लार शक्कर का पाक सा लगने लगता था। उस टुकड़े को आँखो के सामने पकड़कर सोचने लगी - ''इस टुकड़े को एक ही बार चबाकर खा जाऊँगी, तो पेट में उतर जाएगा। फिर दूसरा टुकड़ा लेने के लिए मन ललचाएगा। ऐसा ही करते चलूंगी, तो सारी रोटियां मैं

अकेली रास्ता चलते चलते खा जाऊँगी। माँ के लिए नहीं बचेगी। नहीं-नहीं, इस एक टुकड़े को ही चूसते रहूंगीं।'' कहकर माँ की चिंता करने वाली सीमा ने मन को तसल्ली देकर चुप कर दिया। रोटी में खोई हुंई को अन्य बातों का पता ही नहीं चल रहा था।

पीठ पर लादी हुई नारी को संभालते-संभालते, शंकरेप्पा, पसीना-पसीना हो गया था। सीमा उसके पास से ही आगे निकल गई। शंकरेप्पा उसे पुकारा - ''ये सीमा, चल वापस चल तेरी मौं को सांप ने काटा है। वाड़ी लिये जा रहा हूँ। आ, आ मेरे साथ, हाँ हाँ।'' हॉफने लगा। सांप का नाम सुनते ही सीमा का पल्लु पकड़ा हुआ हाथ कब छूट गया, पता ही नहीं चला। सारी रोटियां रास्ते पर बिखर गई। माँ-माँ की रट लगाई, रोते हुए पीछे-पीछे दौड़ने लगीं कभी माँ के पैर छूती तो कभी हाथ हिलाती। माँ को बेहोश देखकर और इतना जोर जोर से आवाज निकालकर रोने लगी।

एक ओर माँ का बोझ संभाले शंकरेप्पा, दूसरी ओर लड़की को भी संभालना पड़ रहा था। शंकरेप्पा को प्यास लगने पर पानी भी नसीब नहीं, सोचने लगा - ''मैं पानी पीने का देखूंगा तो नारी की जान चली जाएगी, कुछ महिने पहले ही पति मर गया है। बच्चे अनाथ हो जाएंगे, नहीं वाड़ी जाकर ही सब करेंगे।'' थोड़े ही समय में गणेशपुर वाडी के गणपतराव हकीम के घर पहुंच गए। पारबता का मुआयना करके गणपतराव ने कहा - ''भाई थोड़ी देर होती तो, यह नहीं बच पाती, चिंता मत करो, दवा देने पर ये ठीक हो जाएगी।'' नाक में जड़ी बूटी का रस निछोड़ दिया। पांच मिनट में ही जोर की कै हो गई और पारबता ने आँखे खोल दी। शंकरेप्पा हाथ जोड़कर भगवान को धन्यवाद समर्पित किया।

हकीम के पैर पकड़कर पारबता कहने लगी ''मालिक आपने मुझे बचाकर बड़ा पुन्य कमाया है। मुझ पर बड़ा एहसान रहा तुम्हारा, नहीं तो मेरे बच्चों का जीवन रास्ते पर आ जाता। कोई नहीं देखता था इन्हें। ये तो दर-बदर के ठोकरे खाकर किसी के दरवाजे पर बैठे होते भीख मांगने। बाप तो चला गया, अब माँ भी मर गई होती तो मेरे बच्चे लावारिस बने होते।'' कहकर रोने लगी।

शरीर शिथिल हो गया था, चलने के लिए भी ताकत नहीं बची थी। फिर भी उसे काम की चिता सता रही थी। शंकरेप्पा ने कहा - ''अरे पगली, काम का क्या ले बैठी है, घर जा जान बची - लाख पाये, जा घर। मैं तेरा सारा सामान ले आता हूँ। सीमा तू छोटी को लाने चल मेरे साथ।'' पारबता घर की ओर चली गई।

भूख के मारे बच्चे रोने लगे थे। रात के नौ बज रहे थे। पकाने के लिए घर में एक दाना भी नहीं था। सो गाँव के नामी साहुकार बलराम मानकरी के नये बाड़े पर

चली गई। साहुकार नहीं थे, सो रास्ता जोहते हुए वहीं बैठी रही। पुराने घर से खाना खाकर आने के लिए साहुकार को देर हो गई थी। आते ही दरवाजे पर बैठी हुई नारी को देखकर कहा -''कौन बैठा है, इस समय यहाँ पर।''

''साहुकार मैं पारबता हूँ।''

''अरे इस समय क्यों आयी है ? क्या कोई परेशानी है।''

''खाने के लिए कुछ नहीं है, बच्चे रो रहे हैं। इसलिए आई हूँ। कुछ तो दे दो, काम करके चुकता करूंगी।''

''अरे दिवानी कैसी बात करती है, तेरा पति हमारा घर बनाकर दिया है। उसका हम पर बड़ा उपकार है। यह पच्चीस किलो ज्वार लेकर जा, हामारा नौकर लेकर आता है, तू घर जा। सुन, इतनी ज्वार खाते हुए पैसा जमा करके रख ले काम आ जाएंगे।'' इनकी बातें सुनकर पारबती की आँखों से खुशियों के दो बूंद टपक गए।

मन को आज थोड़ी तसल्ली हो रही थी। क्योंकि घर में अनाज है। इतना अनाज खाते-खाते कुछ पैसे बचाने का साहस भी मन में भर गया। दूसरे दिन फिर उसी काम पर चली गई। दोपहर की रोटी साथ में नहीं लायी थी। एक-एक समय का खाना बचाकर ज्वार ज्यादा दिन तक रखना चाहती थी। सो आज दोपहर धूप से बचने के लिए, अपनी बेटी के साथ, जमीनदार के फार्म हाऊस के बाजू एक वृक्ष के नीचे बैटी थी। जमीनदार मौका पाकर नजदिक आया और कहने लगा-

''पारू तुझे हप्ते भर से देख रहा हूँ। सारे मजदूर दोपहर का भोजन करने चले जाते हैं। परन्तु तु अकेली बेटी को लेकर काम पर बनी रहती है। खाना खाकर आराम से रहना सीखो। हाड़-तोड़ मेहनत करती है और पेट पर बिलावा डालती है। कमाकर क्या हासिल करना चाहती है। पेट को खाऐ सो ही आनंद मिलता है। तू चाहे तो आराम से रह सकती है। मैं तुझे मदद करते रहूंगा। यहीं खेत में काम करते रह सकती हो। रहने के लिए यहीं घर है। मैं जब-तब देखने आता हूँ।'' यह सुनकर पार्बती का पित्त सिर को चढ़ गया। कहने लगी -

''सेठजी चार पैसे बचाकर मेरे बेटे की पढाई पर खर्च करना है। आप गरीबी का मजाक उड़ा रहे हैं। हम मेहनत करना जानते हैं। गुलामी से नहीं, इज्जत से बच्चों का भविष्य बनाने की मेरी तम्मना है।'' सेठ अपना पैतरा बदलकर कहने लगा। -

''अरे पगली, कौन बेटा तुझे सुख देगा। यह तो तेरा वहम है। उसे किसी के गोरू चराने नौकरी पर रख दे। सालभर का अनाज मिलेगा। कौन किसको पालेगा देखती नहीं, कितने सारे लड़कों की शादी होते ही पत्नी को लेकर अलग चूल्हा बनाते हैं। तेरा बेटा भी वही करेगा और तुझे किसी कोने में धकेल देगा। तब तुझे अकल

आयेगी। अब भी भूख से तड़फते रहती है। बुढ़ापे में भी भूख के कारण ऐड़ियाँ घिसकर मरेगी। कोई नहीं देखेगा।'' पारबती का स्वाभिमान जाग गया और वह कहने लगी -

''सेठजी, मैं कभी मेरे बेटे को पेट भर खाना नहीं खिला सकी। परन्तु बराबर किताबें दिलाते आई हूं, साथ ही अच्छे संस्कार, स्वाभिमान से जीने के विचार, आत्मविश्वास से आगे बढ़ने की शक्ति भरते आयी हूँ। हमारे बाबा अंबेडकर को कितनी तकलीफ हुई है पढ़ने में। वैसी परेशानी तो मेरे बेटे को नहीं है। सेठजी, मैं मेरे बेटे के भविष्य की रोटी की तलाश में हूँ। उसे गोरू चराने रखूंगी तो मेरा आगे का सुख मैं ही बरबाद कर लूंगी। मैं तो मेरे भविष्य की रोटी के सोच से बेटे को पढ़ा रही हूँ।''

पारबती की बातें जमीनदार को काटों सी चुभने लगी थीं, सो क्रोधित होकर कहने लगा - ''तुम ढेढ़ों का दिमाग ही नहीं होता। समझाने पर भी समझ नहीं पाते। मैं तेरी भलाई के बारे में सोच रहा था। तू उलटा मुझे ही पाठ सिखाने चली है। 'नाच ना जाने आंगन टेढ़ा'।'' पारबती इसके सामने झुकना नहीं चाहती थी, सो कहने लगी–

''सेठजी हम गरीब हैं लेकिन कभी ईमान नहीं बेचा है। तुमने कहा, हम ढेढ़ों के पास दिमाग नहीं होता। तुम लोगो ने भारत का कानून बनाया है, या हमारे बाबासाहब ने ? हमने अब कहना छोड़ दिया है, सिर्फ करना सीखा है, इसिलिए, मेहनत को ही हमारा भगवान मानते हैं और अम्बेडकरजी की बातों पर चलते हैं। कोई हममें फूट डालने का सोचेगा तो उन्हें कभी छोड़ते नहीं। हमारा न आगे है, न पीछे। जब काम करते हैं, तभी पेटभर खाते हैं, फिर किससे, किस लिए डरें।''

अब तो सेठ ताव में आकर कहने लगा - ''मैं तुझे बड़ी सज्जन समझा था। तेरे मुंह क्या लग गया, तू तो मेरे सिर पर ही चढ़ने लगी है। मेरे साथ बहस करने की तेरी औकात क्या है, जरा पहचान कर रहो, चली आयी अम्बेडकर की बातें बताने। कितने दिन हुए स्यानी होकर, हमारे तुकड़ों पर पलकर बड़ी हो गई है। हमारी बिल्ली हमें ही म्याऊ कहने लगी है। तुझे मैंने काम दिया है कि तेरे अम्बेडकर ने। किसका खाती है, किसका नाम लेती है ? संभलकर रहना सीख, नहीं तो गाँव में रहना मुश्किल हो जाएगा।''

''सेठजी, हमारे बाहों में है जब तक बल, पाएंगे हम कहीं भी मेहनत का फल। आज तक चुप्पी साधकर रहते थे अनपढ, गँवार बनकर, तजुरबा ने हमें भी स्याना बना दिया है। सेठजी, दुनिया के अनुभव ने हमें भी होशियार बना दिया है। अच्छे-बुरे विचारों की पहचान हमें भी है। जहाँ हमारे बाबासाहब का अपमान होगा, वहाँ भला

हमें कहाँ सम्मान मिलेगा ? नहीं, नहीं अब मैं तुम्हारे काम पर रहूंगी तो ठीक नहीं होगा। तुम्हारा काम नहीं चाहिए, चाहे भूखा मरना क्यों ना पड़े।'' कहकर पारबती ने अपना सामान समेट लिया। जमीनदार ने मुनीम को बुलाकर, हिसाब करके उसके पैसे थमा दिए। सेठ सोचने लगा -

''साली के पास खाना नहीं है, लेकिन घमंड बहुत कमाया है। राजा ढाले का भाषण क्या सुन लिया है सारे ढेढ़ों ने, ससुरे तब से हम कुनबियों को कौड़ी की कीमत भी नहीं दे रहे हैं। सालों को मरे हुए जानवर खाकर चर्बी चढ़ गई है। आदमी ही नहीं, औरतें भी उलटा बोलने लगी हैं। हद हो गई, इन्हें सबक नहीं सिखाया जाएगा तो, ससुरे गाँव में उधम मचाकर रखेंगे। फिर कुनबियो का धन्दा चौपट हो जाएगा। कोई उपाय करना ही पड़ेगा।'' कहकर दलितों को किसी इल्जाम में फंसाने की साजिश रचने लगा।

बुरे सोच का बुरा ही फल मिलता है - इसकी टेढ़ी चाल का पता दलितों को चल गया था। वे बड़े सावधानी से एकता से रहने लगे थे। कामुकों को काम एक जगह बैठने नहीं देता। वे अपने शिकार की तलाश में वहाँ-यहाँ नजरें जमाये रहते हैं। जमीनदार ने शरणम्मा को अपने हवस का शिकार बनाने के विचार से उसे फुसलाते हुए कहा -

''शरणा, क्या बात है, आज तेरा पति काम पर नहीं आया? तू अकेली आ गई हैं। थक गई होगी काम करते-करते। जा, जरा जाकर, कमरे से पानी का घड़ा लेकर आ, चल मैं तुझे बताता हूँ, मजदूर प्यास से तड़प रहे हैं।'' शरणम्मा इसकी चाल को नहीं समझ सकी। वह इस गाँव में ब्याहकर कुछ ही दिन हुए थे, सो किसी, साहुकार या जमीनदार के गुण या व्यवहार के बारे में नहीं जानती थी।

जैसे ही वह कमरे में प्रवेश की, सेठजी ने पीछे से जाकर दबोचा। लोग चार योजन दूर थे। शरणम्मा को कुछ न सूझा सो खुद को बचाने के लिए चिल्लाना आरंभ किया। आवाज सुनकर लोग उस ओर भाग चले। अब तक जलावन चुनकर पारबती घर की ओर जा रही थी। लोगों की भाग दौड़ देखकर वह भी उस ओर चली गई। कमरे में शरणम्मा निरवस्त्र खड़ी थी। जमीनदार के डर से कोई उसकी मदद के लिए आगे नहीं आया। औरतों ने शरम के मारे अपने सिर झुका लिये थे। पुरुष का पुरुषार्थ भी फीका पड़ गया। क्रोध के मारे दांत पीसकर चुप हो गए थे।

शेरनी के समान पारबती ने लोगों को हटाते हुए कमरे में प्रवेश किया और अपनी बेटी की कुंचिल उतारकर, शरणम्मा की इज्जत पर ओढ दिया। सेटजी के साथ बहस करते हुए कहने लगी -

'अरे पापी, तेरी कोई माँ बहन नहीं है ? उनके साथ भी ऐसा ही दुष्कर्म करता

है ? रात में क्या पत्नी को छोड़, बेटी के पास सोता है ? यह तो तेरी बेटी के उमर की है। कैसा तेरा मन हुआ इसके साथ ऐसा अव्यवहार करने। तुझे तो सजा मिलनी ही चाहिए।'' -कहकर उसका गिरेबान पकड़कर कमरे के बाहर खींच लाई। न आव देखा - न ताव, बस हाथ और लात से पीटने लगी, लोगो में कहाँ की ताकत आ गई, पता नहीं, सब मिलकर जमीनदार को पीटने लगे। जमीनदार को पीटते हुए पारबती ने कहा -

''हम तेरे पास सोने नहीं आते, काम करने आते हैं। समझा ? मजबूरी का फायदा उठाता है ? हम गरीब औरतों को शरीर बेचने वाले समझा है ? अरे, हम तो इज्जत से जीते हैं, इज्जत से। और स्वाभिमान से जीना सिखाया है हमारे बाबा ने और यह भी कह गये हैं कि तुम जैसे दरिंदों को कैसा सबक सिखाया जाए, ताकि कोई अन्य दलितों को न सताए।'' कहकर पारबती ने , अन्य नारियों की सहायता लेकर, तहसील भालकी के पुलिस थाने में जमीनदार के नाम केस दर्ज कर दिया। जमीनदार को बलात्कार और जातिवाद के केस में सात साल की सजा सुनाई गई। अब दलित समझ गए कि एकता में कितना बल होता है।

जीवन एक चुनौती

बच्चे खेलते खेलते दुनिया ही बदल देते हैं। बालकों के लिए खेल एक वरदान ही सिद्ध होता है। इसलिए शायद वे जाति धर्म, लिंगभेद आदि झंझटो से दूर रहते हैं। बच्चों की तुलना भगवान से की गई है। ऋग्वेद में बच्चो को भगवान का स्वरूप माना गया है। बाईबिल में ''चाइल्ड आफ मेन'' कहा गया है। क्योंकि इनके मन में कोई द्वेष या कपट नहीं होता। वे सत्य से अवगत हैं। झूठ इन्हें झुका नही सका, तभी तो बच्चे सदा सत्य की राह को अपनाने का प्रयत्न करते हैं। चाहे वह अमीर का बेटा हो या गरीब का, दोनों साथ-साथ खेलते समय, मन में कभी ऊंच-नीचता की हीन भावनाएँ उभरने नहीं देते। ऐसा अगर कोई बालक करता है तो समझना चाहिए कि वह उसकी गलती नहीं है, बल्कि उनके माता-पिता की मानसिकता का परिचय देता है। वादे, इरादे बड़ों के लिए होते हैं, ऐसा जाना जाता है। परन्तु ऐसे ही महान कार्य एक बालक भी कर सकता है।

सावन, सांवला सुंदर, मोटा, अति लुभावने वाला,बालक आठ साल का था। 1966 ईस्वी में तीसरी कक्षा में पढ़ रहा था। हर शाम के समय साथियों के साथ मैदान में खेलने जाया करता था। मैदान के बाजू में एक श्रीमंत व्यक्ति का घर था। जो शाम के समय कभी कभार मैदान में वायु विहार के लिए आता और बच्चों का खेल देखते हुए, उनके साथ वह भी खेलने लगता और खेलते-खेलते खुद को भूलकर बच्चा ही बन जाता था। यह बालकों में दौड़ने की होड़ लगाता और आनंद उठाता था। प्रथम आए हुए बच्चों को घी का डोसा दिलाने का वादा करता और उसे निभाता था। इस विषय को सुन गली के अन्य बच्चों के मन में यह आशा जाग जाती थी कि हम भी दौड़ में भाग लें और डोसा हासिल करें।

गरीबो के लिए दो समय का खाना ही नसीब नहीं होता था। फिर तो घी का डोसा खाना एक सपना ही लगता। यह बात इनके लिए शायद नामुमकिन सी थी। दलित बच्चों की बात भी इसी तरह है। स्वतः पैसे खर्च करने की योग्यता न रहने

वाले बालक इस व्यक्ति के इन्तजार में हर शाम मैदान में राह जोहते रहते थे और डोसा प्राप्त करने की आशा बनाए रखते थे। वह व्यक्ति बालकों को दिखाई देने पर, डोसा मामा आया, डोसा मामा आया, कहकर उछल-उछलकर खुशियाँ मनाते थे।

मैदान में खेलने आये हुए बालकों में से सावन सबसे छोटा है। शारीरिक शक्ति से भी इसकी मानसिक शक्ति में बल था। इसलिए वह कभी दौड़ में प्रथम नहीं आया। उसे यकीन था कि मैं दौड़ में प्रथम नहीं आऊँगा। दौड़ में प्रथम आने वाले को ही घी का डोसा दिलाया जाता था। सावन के मन में डोसा खाने की इच्छा घर कर गई। वह तो प्राप्त नहीं कर सका, सो चिंता में डूबे रहता है कि घी का डोसा कैसे मिलेगा या कैसे हासिल किया जाए? उसने सुना था कि घी का डोसा बड़ा ही स्वादिस्ट होता है। वह सोचता है कि मेरी माँ तो मुझे डोसा दिला नहीं सकती, क्योंकि हम गरीब हैं। तो फिर क्या मुझे डोसा नहीं मिलेगा कभी? नहीं, मुझे इसे प्राप्त करना ही चाहिए, चाहे यह विषय मेरे लिए एक चुनौती ही क्यों न बनता। समझकर एक दिन वह डोसा मामा के घर जाकर, सीधे-सीधे घर के अंदर आकर कह रहा है कि डोसा दिला दो। इसके पास कितना धैर्य है, क्यों न भला इसके धैर्य को चुनौती में बदल डालें ? सोचकर डोसा मामा सावन से कहता है-

"तुम कौनसी कक्षा में पढ़ते हो ?"

"मैं तीसरी कक्षा में पढता हूँ।"

"बेटा एक काम करोगे, तो मैं तुझे डोसा दिलाऊँगा।"

तुझे परीक्षा में प्रथम आना होगा।

कहकर मामा ने बालक के, मन में आशा जगाई। बालक भी मान गया और अपने सपने को साकार रूप देने के लिए प्रयत्नशील बना रहा।

वार्षिक परीक्षा अभी चार महीने दूर थी। बालक ने मन में प्रण किया कि किसी-भी हालत में कक्षा में प्रथम आना ही है। घर की परिस्थिति एक दम बुरी थी, सो रात में लेम्प जलाने के लिए केरोशिन भी नसीब नहीं होता था। फिर भी अपने वादे को पूरा करने के लिए बालक मंदिर में, कभी रास्ते के लैम्प के नीचे बैठकर पढ़ते रहा। इसके फलस्वरूप बालक अपनी मंजिल तक पहुँचने में सफल हुआ है। शायद इसीलिए ही ऐसी कहावत बनी होगी - "जहाँ चाह वहाँ राह।"

परिणाम (फलीतांश) के दिन सावन बहुत खुश था, क्योंकि वह कक्षा में पहले नंबर में पास हुआ है। इसके मन में खुशियों के लाडू फूट हरे थे। मुँह में लार टपक रही थी। घी के डोसे का सपना साकार जो होने जा रहा था। परिणाम की घोषणा के पश्चात सावन कक्षा के बाहर आता है और अपनी दो पहिये की कार को दौड़ाने लगा। हाथ में भवनाओं का स्टेरिंग पकड़ा है, मुख से दूरर . . . सी आवाज निकालते

हुए, गाड़ी को अपने घर की, ओर ले जाने के बजाय, सीधा - डोसा मामा के आंगन की ओर ले जाता है, और डोसा मामा से कहता है - ''मामा मैं कक्षा में प्रथम आया हूँ, घी का डोसा दिलाइए।'' डोसा मामा चकित हुए। वे इस विषय को भूल गये थे कि बच्चे से कभी घी का डोसा दिलाने का वादा किये थे। माथे पर जोर डालने के पश्चात् याद आता है, बालक को दिया हुआ वचन। सो मामा बालक से प्रमाणपत्र पूछते हैं। बालक परेशान होकर कहता है -

''मेरी मेडम ने कहा है कि मैं कक्षा में प्रथम आया हूँ यह सुनकर ही तो मैं आपसे बताने के लिए दौड़ते आया हूँ।'' मामा ने कहा - ''मुझे प्रमाण पत्र लाकर बताएंगे, तो मै अवश्य तुम्हें धी का डोसा खिलाऊंगा।''

ऐसा कहकर मामा फिर एक बार बालक से वादा करते हैं।

मामा की बातें सुनकर सावन अपनी गाड़ी रिवर्स गियर में डालकर घुमा लेता है फिर स्कूल की ओर दौड़ता है। सारे छात्र अपने-अपने घर चले गये थे। सारे मेडम भी चले गए थे। सावित्री टीचर का घर स्कूल के पास ही था, सो बालक अपनी व्यथा उनके सम्मुख दर्शाता है और प्रमाणपत्र देने के लिए आग्रह करता है। उस समय छपे हुए प्रमाण पत्रों का उपयोग प्राथमिक स्कूलों में बहुत कम होता था, सो सावन के सरकारी स्कूल में भी प्रमाण पत्र प्राप्त नहीं थे। मेडम ने बालक को सलाह दी की पुस्तक भंडार से कोरा प्रमाण पत्र खरीदे। कुछ ही क्षण में वापस आने का वादा करके, सावन चला गया।

पुस्तक भंडार में जाकर प्रमाण पत्र की कीमत जानकर, फिर घर की ओर दौड़ने लगा। क्योंकि माँ के पास से पैसे लेकर प्रमाण पत्र खरीदना था। माँ के पास से तीन पैसे लेकर फिर से पुस्तक भंडार की ओर दौड़ रहा है सावन। दौड़ते-दौड़ते बालक का शरीर पसीनेसे तर हुआ है। धूप तेज होने के कारण धरती गरम हुई है। नंगे पैरों से गरम धरती पर बड़ी देर से दौड़ते रहने के कारण, इसके तलवों में छाले आये हैं। उन छालों की तकलीफ़ के कारण बालक धीमी गति से दौड़ रहा है। मेडम के पास आकर, कोरे प्रमाणपत्र पर अंक दर्ज कर लिया और अपनी गाड़ी में बैठकर, खुशियों के गुब्बारे उड़ाते हुए, डोसा मामा के घर की ओर चला।

पसीने के कारण पहने हुए फटे कपड़े भीग गए हैं। शरीर में चिड़चिड़ाहट हो रही है। पैरों में दर्द है, फिर भी बालक अपनी आशा पूरी करने के लिए इन सारी वेदनाओं को एक चुनौती समझकर आगे बढ़ रहा है। बालक के दाहिने हाथ में अंक पट्टी (प्रमाणपत्र) रोल करके पकड़ा है। उसे जब-जब देखता है तो मानो ऐसा लगने लगा है कि डोसे का रोल ही हाथ में है। वह प्रमाणपत्र ही उसका सपना था। उसकी मंजिल, इस कागज में छिपी हुई थी। इसकी हर नजर उसपर ही टिकी हुई थी। वह

आगे की ओर दोड़ रहा था। घी के डोसे की याद करते-करते बालक के मुख में लार भर आई। उसकी गति जोर पकड़ती जा रही थी। मामा के घर जल्दी पहुँचने की उमीद लिए आगे बढ़ रहा था कि अचानक ठोकर लगने के कारण, बालक नाली में जा गिरा। प्रमाणपत्र पूरा गंदा हो गया प्रमाणपत्र पर एक भी अंक स्पष्ट दिखाई नहीं दे रहा था। गिरने के कारण घुटनें और कुहनियों से रक्त निकल रहा था। इस अवस्था में ही बालक डोसा मामा को गीला कुचैला प्रमाणपत्र, बताता है। बालक की यह अवस्था देखकर डोसा मामा अति दुःखी होते हैं, डोसा दिलाएँगे या नहीं समझकर, सावन बेचैन है।

डोसा मामा बालक के हाथ-पैर पानी से धोकर, जखमों पर मरहम लगाते हैं और बालक को उसके घर भेज देते हैं। इस घटना के पश्चात् बालक की डोसा खाने की आशा चकनाचूर हो गई, क्योंकि डोसा के बारे में कुछ भी नहीं कहा था। वह वेदना के कारण तड़प रहा था। आँखें लाल-लाल बनीं थी। नींद भी नहीं आ रही थी। सारा किया मिट्टी में मिल गया - समझकर करवट बदलता है। चोट में दर्द होता है, वेदनाओं की आर्त ध्वनी सुनाई देती रही।

"सावन, सावन"- कहकर पुकारने की आवाज सुनाई दी। बालक अपनी गहरी वेदनाओं को भूल गया और वही डोसे का सपना देखने लगा। वह आवाज मामा की थी। डोसा मामा हाथ में एक बडा सा डिब्बा भरकर डोसे लाए थे। उसमें पूरे दस डोसे लाए थे। मामा ने परिवार के सारे सदस्यों को खाने की हिदायत देते हुए, साथ में यह भी कहा - "बेटा, जीवन को चुनौती समझकर अगर जिएँगे, तो हर मुश्किल से मुश्किल काम को भी आसान बना सकते हैं। जग की सारी सुविधाएँ अपने कदम चूमेंगी। व्यक्ति इमानदार बने और अपने ढंग से जिएँ। वह अपनी ही एक राह बनाए, जो सत्य की राह हो, इमानदारी की राह हो, सबसे बढ़कर मानवीयता की राह हो। जो मेहनत को भगवान समझता है, वह कभी दुःखी नहीं होता। तू डोसाप्राप्त करने को एक चुनौती समझ रखा था ना। वैसे ही अगर हमारे देशवासी भी इस देश की उन्नति को अपनी जिम्मेदारी समझेंगे तो इस धरती पर गरीबी नहीं बचेगी।" कहकर मामा अपने घर चले गए।

सावन अपनी मेहनत के फल का स्वाद बड़े आनंद से ले रहा था। साथ ही माँ, दीदी भी खुशबूदार डोंसे का भजा उठा रहे थे। उसे यह गर्व महसूस हो रहा था कि चाहें तो हर कठिन कार्य को भी आसान बनाया जा सकता है, अगर कथनी-करनी समान हो तो। फिर सोचता है -"अगर आशा को साहस में बदलेंगे, तो जीवन की हर समस्या को चुनौती देने से सफलता की कुंजी प्राप्त होगी।" कहकर दूरदृष्टि पर उतर आता है। उसे घी का डोसा खाने में एक ओर मजा आ रहा था, तो दूसरी ओर जखम की वेदनाओं पर चुनौती का मरहम का लेप हो रहा था।

नया ड्रेस

''रोको, बस रोको ! मेरा बैग अंदर है। मेरे पास टिकिट है। मुझे गोकाक जाना है। बस रोको'' मासूम गुरूराज, को बस ड्रायवर देखते हुए भी सर्र...से आगे चला जाता है। अमाँ.. हाय अमाँ...मेरा बैग, हाँ...हाँ...हाँ...हाँ...रोने लगा।

एक युवक - ''बेटे क्यों रोते हो, क्या हुआ है ?''

गुरूराज - ''देखिए माँमा, मैं उस बस में धारवाड़ से बैठकर आया हूँ, अब मुझे लिए बगैर ही बस चली गई।''

गुरूराज दस वर्ष का नादान बालक है। गरीबी में इन्हें जबरन डाला गया था। पिता के देहावसान के बाद दादी निकली कंजड़िन। माँ के साथ हैं दो बेटियाँ, एक बेटा, एक पेट में पल रही थी। ऐसी अवस्था में निकाला गया घर के बाहर, दर बदर की ठोकरें खाते हुए जीवनयापन कर रही है, यह नारी। अपनी माँ का अकेला लाल, सुंदर सी चाल, शरीर डौलदार, रंग गोरा चिट्टा, आँखे गहरी नीली, रौबीला चेहरा, पढ़ाई में मध्यम, क्योंकि गरीबी में बीता जीवन। हाफ-शर्ट और पैबंद लगाया हुआ पैंट पहना है। पैबंद को ढांपने के लिए अकसर शर्ट को नीचे की ओर खींचते रहता है।

गहरे दुख में चिंतित बिलख-बिलख कर रो रहा है। माँ समझाकर ही बस में बिठाई थी कि - '' बेटा रास्ते में कहीं नहीं उतरना, बस छूट जाएगी, तो लेने के देने पड़ जाऐंगे। सिर्फ बस का टिकिट मात्र दे रही हूँ। ऊपर यह दो रुपये रखना, रास्ते में कहीं बस रुकेगी तो कंडक्टर से बताकर ही नीचे उतरना।'' मेरा प्यारा बेटा कहकर चूम लेती है। और गुरूराज को गोकाक जाने वाली बस में बिठा देती है।

बस धारवाड़ से रवाना हुई और सवदती के मार्ग पर चल रही थी। खिड़की के पास बैठा है गुरूराज। दिन में ही सपने देखने लगता है, कि माँ मुझे दो रुपयें दी है। इतने में क्या खा सकता हूँ? सब्जी पूरी लें तो पाँच रुपये चाहिए, यह नहीं खाना है। चलो इडली सांबर ही खा लेते हैं। परन्तु इसके लिए भी तो तीन रुपये चाहिए ? क्या

खाऊं ? दो रुपयों में क्या आ सकता है भला ? छोटेलाल, बड़े-बड़े सपने देख रहा था। सफर यों ही कटता जा रहा था। सामने एक गाँव दिखाई देता है। वही है सवदती, यलम्मा देवी के नाम पर छोड़ी गई, अनेक देवदासियाँ यहाँ वास करती हैं।

अचानक बस रुक जाती है। कंडक्टर कहता है - ''सब लोग उतर जाइए, बस खराब हो गई है। इसे सुधारने के लिए, एक घंटा चाहिए। आप लोग, कुछ नास्ता पानी करके ठीक समय पर इसी जगह आना।''

सारे पैसिनजरों को छोड़कर बस डीपो में चली गई अन्य लोगों के साथ, गुरूराज भी सवदती बसस्टॅड में बैठता है। बायाँ हाथ अपने शर्ट के जेब पर ही जोर से पकड़ा हुआ है। क्योंकि माँ ने दिए हुए दो रुपयों को संभाल रहा था। इधर-उधर देखते हुए आधा घंटा कट गया। परन्तु बस अभी तक आई नहीं, समय बिताने के लिए बालक टहलते हुए कॉन्टीन की ओर जाता है। सतु (अवलक्की) देखकर मुंह से लार टपकने लगती है। उसे खाने की इच्छा होती है। सो दो रूपयों का आधा प्लेट अवलक्की लेकर मुस्किल से दो या तीन चमच मुँह में डालता है। नजर जब ऊपर उठता है, तो वही बस सरपटती हुई दिखाई देती है। बालक घबराकर खड़े हो जात है। एक हाथ अवलक्की के प्लेट से लगने के कारण, प्लेट जमीन पर गिर जाती हैं।

वह भागते हुए होटल के बाहर आता है और चिल्लाता है - ''रोको बस रोको. . कहते हुए, बस के पीछे दौड़ता है, परन्तु ड्रायवर इसे देखकर भी अनदेखा सा चला गया। गुरूराज फूट-फूटकर रोया-ही-रोया। रोते हुए ही कॉन्टिन के मालिक को दो रूपये देकर वापस लौट गया था कि एक समझदार व्यक्ति गुरूराज के पास आकर पूछता है और बस कन्ट्रोलर के पास ले जाकर सारा हाल सुनाता है। कन्ट्रोलर बड़ा ही नेक आदमी था। सो गोकाक जाने वाली अन्य बस में बालक को बिठाकर भेजने का वचन देता है। परन्तु बैग का भरोसा नहीं दिया। इतना ही कहा ही गोकाक बस स्टैण्ड में जाकर कन्ट्रोलर से जान लीजिए।

बैग में गुरूराज की जान थी, वर्ष भर की शान थी, इज्जत थी, मानमर्यादा, उसी में बंद थी। पूरे वर्ष भर का सपना उसी बैग में कैद था। गुरूराज चिंता में पड़ गया, घबराहट अलग हो रही थी। क्योंकि गुरूजी की डाँट अब सालभर खानी पड़ेगी। सारे दोस्तों में अकेला ही पुराने और फटे कपड़े पहनकर स्कूल जाना पड़ेगा ? माँ तो समझाकर ही बस में बिठाई थी। अब मैं क्या करूं .....?

डेढ घटें के बाद गोकाक जाने वाली दूसरी बस आ गयी। बालक को बस में बिठाया गया। उसके पास पैसे नहीं हैं, सो कनट्रोलर को पता था। सो बस कन्डक्टर से बालक को मिलाकर वही पुराने टिकिट के आधार पर ही उसे गोकाक तक पहुंचाने के लिए कहा गया। डेढ घंटे में बस गोकाक पहुंच गई। गुरूराज का मामा भांजे के

इन्तजार में खड़ा था। बालक, मामा से सारा हाल सुनाता है और कहता है - ''मामा, मुझे किसी हाल में भी मेरा बैग ढूंढकर दे दो।''

बैग ढूंढ़ते-ढूंढ़ते, दोनों का हुआ बुरा हाल, परन्तु नहीं लगा बैग का निकाल। बस के अंतिम स्टॉप तक भी खोज की गयी। परन्तु कहीं किसी के पास भी बैग न पाया। उदासी ही हाथ लगी। आशा-निराशा में बदलती गई। माँ बेटे के लिए साल में एक ही ड्रेस सिलवा सकती थी वह भी अपने ही वृक्ष की इमली बेचकर। वह नया ड्रेस कभी न मिल पाया। उसे ढूंढते-ढूंढ़ते बालक परेशान हो गया। पर नहीं पाया वह ड्रेस नया। वही नसीब हुआ फटा पुराना साथी, पैबंद लगाया हुआ।

शादी की दावत

1973 का अकाल (कर्नाटक का बीदर जिला) हमारे लिए बनकर आया था बुरा हाल। जब देखो, बैठ जाते थे, हम भूख हडताल, अन्न न मिलने के कारण। कहती है, भीमराव सोमोसे की माता रुक्मिणी देवी।

रविवार का दिन था। गरीबो के लिए सभी दिन समान होते हैं। क्योंकि हर रोज इन्हें काम जो करना होता है। इसके शिवाय इनका पेट भरता नहीं है। वही बासी रूखी सूखी खाकर, जो मिले यहाँ वहाँ मजदूरी की तलाश में भटका करते थे। कभी-कभार किसी अकेले को मजदूरी पर काम मिल जाता और दूसरे को नहीं, तो तब उस एक ही काम को दोनों मिलकर करते थे और उससे प्राप्त मजदूरी दोनों बांट लेते थे। ऐसी स्थिति में हमें कहाँ से पेटभर खाना मिलता होगा ? आप ही सोचिए।

भूख की समस्या से बच्चों को बचाने के लिए उन्हें यह सीख देते थे कि गाँव में जहाँ कहीं किसी शुभ या अशुभ कार्यक्रम पर भोजन की व्यवस्था की गई हो, तो वहाँ जाकर जबरन पंगत में घुसकर बैठ जाना और पेटभर खाना, फिर थाली भर जूठन बनाकर घर ले आना, ताकि घर में बैठे हुए भूखे लोगों को भी थोड़ा सा अन्न मिले।

मेरा बेटा भीमराव बड़ा ही चालाक लड़का था। हर रोज उसका यही काम बन गया था कि जहाँ कहीं गाँव में दावत होती, वहाँ जाकर खड़े रहना और खाना परोसने तक इन्तजार करना। बाजा बजाते समय नाचते रहना, फिर बाजे वाले के साथ ही खाने के लिए बैठ जाना। बाजे वाले पाँच या छः लोग होते थे। इन्हें सभी उच्च वर्गीयों के भोजन समाप्ति के उपरांत खाना दिया जाता था। वह भी पाँच लोगों को गिनकर पंगत में बिठाते थे। कभी -कभार बाजे वालों के बच्चे उनके साथ आने से उन्हें भी खाना दिया जाता था। परन्तु कार्यक्रम करने वाला कोई कंजूस कोमटी होता तो, उन बच्चों को खाते हुए थाली पर से उठाकर भगा देता था। वैसे समय में बाजे वाला मौला मामा खुद भूखा रहकर अपने हिस्से का खाना उन बच्चों को देता था।

गाँव के मालि पाटिल की बड़ी बेटी विठाबाई का विवाह हो रहा था। इस

निमित्त तमाम गाँव वालो को शादी की दावत दी गई थी। दलित बस्ती में घर के एक व्यक्ति को ही खाने पर बुलाया गया था। ऐसे मौके की राह देखते बैठते थे, हम दलित लोग -महार मांग-दोनों ही ।

रविवार का दिन था। दोपहर के दो बजे विठाबाई का विवाह संपन्न हुआ। गाँव की पूरी सवर्ण मंडली भोजन कर चुकी थी। शाम के चार बज रहे थे । दलित लोगों की आशाएँ अभी तक जैसी की वैसी बनी हुई थी कि हमें आज खाने में मिष्ठान मिलने वाला है। छोटे बालको को भूख की पीड़ा सहन न होने के कारण वे रो रहे थे। अब भूख की सहनशीलता की सीमा पार हो चुकी थी। इसलिए सारे बच्चे घूरे पर के पत्तलों में बचा हुअ जूठन पर टूट पड़े, जो सवर्ण खाना खाकर फेंके थे। एक ओर जूठन खाने के लिए कुत्ते लड़ रहे थे तो दूसरी ओर उन्हीं पत्तलों को इकट्ठा करने के लिए ये बालक झगड़ रहे थे। ऐसा भयानक एवं विचित्र दृश्य देखकर शायद ही किसी कठोर व्यक्ति का भी हृदय पसीजता है और वे सोचने पर मजबूर हो जाते हैं कि यह भूख की बड़वाग्नी इन लोगों को कैसे लड़ा रही है। कैसा काल है ? आज मनुष्य ही मनुष्य के प्रति अपनी मानवीयता भूलकर दानवता पर उतर आया है। विशेषकर जातिवादी विचारों के कारण इनका क्रोध रूपी पारा दो गुणा बड़ा देता है।

बाजे वाले की खाने की बारी आयी थी। इनके पश्चात् दलित लोगों की पंगत बैठने वाली थी। बाजे वालों में मौला मामा मुखंड था, तुकाराम, मनोहर, नागेन्द्र, हनमंत तथा मल्हारी उसके साथी हैं। पंगती में बैठकर सभी जनों ने अपनी बगली थैली में से थाली और लोटा निकालकर जमीन पर रख दिये थे। माणिकराव नामक मराठे के लड़के ने इनके लोटों में पानी डाला।

खाना परोसने के लिए मारूती ने लाडू भरी टोकरी इन लोगों के सामने रखा था। वह खुद को मर्दमराठा कह लेता है। मैं सवर्ण हूँ, शिवाजी महाराज का वंशज कहकर मूंछ पर हाथ फेरता है। मारूती ने दो बाजे वालों के थाली में अंजलीभर लाडू डाला था। अब तीसरे व्यक्ति के थाली में डालने के लिए हाथ आगे बढ़ाया था कि भीमराव भागते-भागते आया और खाना पाने के लिए पंगत के बीच में थाली रख दिया और गिड़गिड़ाते हुए कहने लगा -

"मालिक मुझे बहुत भूख लगी है, खाने के लिए दीजिए।" कहकर थाली रखते समय इसका स्पर्श मारोती के हाथ से हो गया।

मारूती गुस्से से बोला - "अबे महार के, मेरे हाथ को छुआ ? मुझे भ्रष्ट किया ? तुझे अब नहीं छोडूंगा।" कहकर, उन लोगों को लाडू परोसने का काम छोड़कर भीमराव का हाथ पकड़ा और मरे हुए कुत्ते की तरह घसीटकर ले गया और दूर घूरे के पास फेंककर आया।

भीमराव फिर उठकर आते हुए गिड़गिड़ाया - ''मालिक, तुम्हारे पाँव पड़ता हूँ, मुझे खाना दीजिए, देखो - देखो मालिक तुम्हें पुण्य लगेगा। तुम्हारे बाल बच्चे सुखी रहेंगे। मुझे मुठ्ठी भर अन्न दे, दो मालिक। मेरे से अब भूख की पीड़ा सही नहीं जाती। बहुत तकलीफ हो रही है, माई-बाप मुझे खाना दो ! हूँ' हूँ हूँ हूँ हूँ हूँ... खाना दो मालिक, खाना दो मालिक।'' कहकर भीमराव लाडू के टोकरी को ताक रहा था। इसकी गिड़गिड़ाहट को देखकर रहम आने के बजाय, मारूती को बहुत क्रोध आ रहा था।

''धेड़ की औलाद, मुझे छूकर भ्रष्ट करता है ? तुझे अच्छा सबक सिखाता हूँ तुझे लातों से खाना देता हूँ, हाथों से नहीं।'' कहकर भीमराव को नीचे गिराकर उसके पेट में जोर-जोर से लात मारने लगा। भीमराव चिल्लाने लगा - ''बचाओ, बचाओ, मुझे खाना दीजिए, खाना दीजिए, कहकर सुस्त हो गया।

मारूति - 'तुझे खाना नहीं मौत देता हूँ।' कहकर एक जोर की लात भीमराव के पेट में मारी। भीमराव तड़पते हुए चिल्लाया - ''मायों मेलो, मायों मेलो, (माँ मर गया) कहकर आँखें सफेद कर दिया, जीभ होठों के बाहर आयी थी। हाथ पैर ठंडे पड़ गए थे। मौला मामा इसे छूकर देखता है। शरीर ठंडा पड़ हुआ था । नासिका के पास उंगली लगाकर देखता है सांस रुक गई थी। सारे दलित जन इस घटना के कारण दंग रह गए थे। अब तो खाने की आशा-निराशा में बदलती जा रही थी। इन लोगों में हाहाकार मच गया, भीमराव की मौत को लेकर । दलित जन बगैर खाए ही भीमराव के मुर्दे को कंधे पर उठाकर अपनी गली की ओर रोते हुए आ रहे थे। कुछ लोग कह रहे थे - हम हर दावत में थाली भरकर जूठन उठा लाते थे परन्तु आज अपने ही बच्चे के शव को उठाकर ला रहे हैं - कहकर क्रोध भरे स्वर में चिल्ला-चिल्ला कर रो रहे थे। भूखे प्यासे दलितों के मुहल्ले में दुःख के कारण मातम छाया हुआ था, भीमराव की मौत को लेकर।

मौला मामा कहने लगा - ''लड़का बहुत अच्छा था, जहाँ कहीं दावत होती थी, तो बेचारा अपने अंगी के अंदर से बगल में थाली छिपाकर चुप खड़ा रहता था। जब हम खाने बैठ जाते थे, तो झट से आ बैठता था, खाने पर हमारे साथ। बहुत गुणी था लड़का। सभी की बात सुनता था। परन्तु भगवान ने इसकी कुछ नहीं सुनी। इसके अंतिम समय में इसे खाना भी नसीब नहीं हुआ। कहकर-नाक और आँख में आने वाले पानी को पोछते हुए कहता है -''आज की दावत भीमराव के लिए बन गई मौत।'' कहकर फूट-फूट कर रोने लगा।

भीमराव की मृत्यु को लेकर किसी सवर्ण पर कुछ असर नहीं हुआ, पर सारे दलित जन ने मिलकर शव का अंतिम संस्कार किया और प्रण लिया कि स्वाभिमान से जीएं और आज से सवर्णों के घर गोबर नहीं उठाएं और मरे हुए जानवरों को वे नहीं खीचें।

माँ बनने का सुख

विश्व का सौन्दर्य अद्भुत है, परन्तु मरूभूमि सा लगने लगा है। जिस वृक्ष की छाया में खड़ी होती है, शीतलता महसूस करने के लिए, पर घुटन ही महसूस होती है। क्षण में ऊब जाती है। जीवन चिड़चिड़ा सा लगने लगा है। सिर्फ ठूंठ रह गया है, सारे पत्ते गायब, तेज धूप इस पर हावी होकर सता रही है। डर के मारे, खुद को बचाने, उस जगह से निकल पड़ती है, गाड़ी पर बैठकर। चिलचिलाती धूप में जा नहीं पाती, सो इस घोर कष्ट से बचने के लिए किसी के द्वार पर दस्तक देती है। दरवाजा खोलकर एक नारी बाहर आती है। कोई नहीं दिखाई देता, सो इधर-उधर देखकर कौन है, कहकर पुकारने पर सुमाला सामने आती है।

नारी - कौन चाहिए ?

सुमाला - कोई नहीं, धूप होने के कारण प्यास लगी है, थोड़ा सा पानी चाहिए।

नारी - आप भीतर आकर बैठ जाइए ना। (सुमाला अंदर जाकर कुर्सी पर बैठ जाती है)

नारी - (पानी का लोटा थमाते हुए -) लीजिए। बड़ी थकी सी लग रही हो?

सुमाला - हाँ, धूप ज्यादा है ना, इसलिए थक गई हूँ।

नारी - कहाँ रहती हो, कोई काम करती हो ?

सुमाला - मैं गौतम नगर में, बुद्धविहार के पीछे रहती हूँ और कॉलेज में पढ़ाती हूँ।

नारी - बच्चे कितने हैं ?

सुमाला - हाँ! हमारे कॉलेज में ?

नारी - नहीं, तुम्हारे पूछ रही हूँ।

एक सुंदर बालक भागते हुए आकर नारी से लिपट जाता है। इस दृश्य को देखकर सुमाला खुद को एक लाचार और भिखारिन सा महसूस करती है। सुमाला, सुशील, सुसंकृत, सुशिक्षित, सर्वगुण संपन्न है। मुख पर सौंदर्य की बहार ही उमड़

पड़ी है। खूबसूरती के कारण सारी नजरें इस पर ही टिकी रहती हैं। ऐशो-आराम की जिंदगी जी रही है। कुछ भी कमी नहीं है। बडी सी हवेली, घूमने के लिए बढ़िया कार है, नौकर-चाकर आदि सुविधाएँ इसके वश में हुई हैं, परन्तु इसे ऐसा लगता है कि मेरे पास कुछ भी नहीं है। सोचती है, और भगवान को याद कर इतना क्रोधित होती है कि अगर वह सामने आ जाए तो, कोई खैर नहीं रहेगी। आँखों में आँसू उमड़ आते हैं, उन्हें रोकते हुए बताती है -

सुमालाः न-न, नहीं, मुझे अभी बच्चे नहीं हुए हैं।

नारी - (ओंठ पर उंगली रखकर) बेटी, आयु तो.. कहीं बताया है, या...

सुमाला - जी हाँ, अब मुझे चलना चाहिए, घर पर जल्दी पहुँचना है।

धूप की गर्मी से बचने के लिए सहारा लेना चाहा, परन्तु उससे भी गरम विचार उस नारी के होने के कारण सुमाला ऊबकर वहाँ से भी चलती बनी, अपने हालत पर तरस खाते हुए। घर पहुँच गई है, चप्पल न उतारते हुए ही धड़ाम से बिस्तर पर गिर गई और फूट-फूट कर रोने लगी। कुछ क्षण के पश्चात चिन्तामग्न होकर छत को ताकने लगी। पति सुग्रीव की आशाओं की याद आती है और उन दोनों के वार्तालाप के प्रसंग सताने लगते हैं। मानसरोवर पर वही तरंगे उठने लगी हैं, ऐसा भास होता है कि पति सम्मुख बैठकर बतिया रहा है -

सुग्रीव - ऐ, एक बात कहूँ ?

सुमाला - (मुस्कुराते हुए)कौन सी बात है जी ?

सुग्रीव - एक कप चाय पिला दो, फिर कहूँगा।

सुमाला - इतनी सी बात, लीजिए अभी बना देती हूँ। (चाय बनाकर लाती है सुमाला, दोनों टी.व्ही. के सम्मुख बैठकर चुस्की लेते हुए बतियाते हैं।)

सुमाला - बताइए भी, वह कौनसी बात है ?

सुग्रीव - बड़ी ही उतावली बनी है, बातें सुनने के लिए ? तो सुनो, मेरे जीवन में तीन चीजों को प्राप्त करना है। दो तो मिली हैं, पर तीसरी तुम्हारे हाथ में है। कब दोगी, बताओ ना ?

सुमाला - (शरमाकर मुस्कुराते हुए) वह कौन सी चीजें हैं, जो प्राप्त हैं और मुझे कौनसी वस्तु देनी है? हमारे पास तो सारे सामान भरे पड़े हैं। आप मुझसे कोई उपहार की इच्छा कर रहे हैं क्या ?

सुग्रीव - (पत्नी के माथे पर आहिस्ता से पुचकारते हुए) नहीं पगली, कितनी भोली है तू। सुन, तीनों चीजों का नाम 'म' से शुरू होता है। पहला मने (घर) दूसरा मारूती (कार), तीसरा मगु (बच्चा)। समझ गई। पति की इच्छा का अवलोकन होते ही सुमाला बेचैनी से करवटें बदलने लगी। मन में विचार आता है कि अनाथ बच्चे

को गोद ले। इससे एक लावारिश बच्चे की जिंदगी सुधर जाएगी और मेरे पति की इच्छा भी पूरी होगी। क्योंकि मैं तो अब माँ नहीं बन सकती शायद। बच्चा तो मिल जाएगा अनाथाश्रम से हमें। क्या मेरा पति इस विचार से संतुष्ट रहेगा ? क्या मैं वास्तव में माँ का सुख अनुभव करुंगी ? जो एक माँ अपनी संतान को नौ महिनों तक अपने गर्भ में पाल-पोसकर अनेक वेदनाओं का सामना करके जन्म देती है, उस प्रसव वेदना से बचना मानों नारी का दूसरा जन्म ही होता है। उन भयानक वेदनाओं से माँ को जो सुख प्राप्ति होती है, उन वेदनाओं की आड़ में छिपी ममता का मोह मेरे मन में जागेगा ? इन वेदनाओं के कारण ही अपने जिगर के टुकड़े पर वे करुणा भाव जागृत होते हैं। अपनी अतड़ी के संबंध में भावनाएँ मेरे भीतर जाग जाएँगी ? क्या मैं एक सच्ची माँ का रूप पा सकूंगी? क्या मैं अपने कर्तव्य निभा सकूंगी ? जब प्रसव वेदना का अनुभव ही नहीं, तो भला मेरे लिए कैसे उसका वर्णन करना साध्य है ? छी, मैं भी 'अंधेरी कोठरी में काली बिल्ली ढूंढ़ने जा रही हूँ, वह कभी हाथ लगेगी ?'

सुमाला कल्पना लोक में विहार कर रही है। भयानक बंजर भूमि दिखाई दे रही है। वह नंगे पैरो से रेत पर चल रही है। धूप के कारण रेत गरम हुई है और पैर जल रहे हैं। इस तकलीफ से बचने के लिए सुमाला दौड़ती है - दौड़ती है, बहुत दूर तक, परन्तु कहीं उसे वृक्ष की छाया नहीं मिलती, बस दूर तक रेत-ही-रेत बिखरी है। गरम लू के थपेड़े नाजुक बदन पर वार करने के कारण, उसे पसीने से तर बना रहे हैं। प्यासी सुमाला थकने लगी है। बहुत थक गई है, सिर ऊपर उठाकर आसमान के सूरज को ताकने लगी है। दोपहर की धूप में चील, कौए तथा गीध अपना शिकार ढूंढ़ते हुए आकाश में भरारी लगा रहे हैं। यह सारा भयानक दृश्य देखकर सुमाला का सिर चकराने लगता है और सारा विश्व उसकी नजर में लट्टू की तरह घूमने लगा है। विश्व की गति एक दिशा में, तो सुमाला का चकराता सिर दूसरी दिशा में घूमने लगे हैं। इस पागलपन की स्थिति से कभी बाहर नहीं निकलती, बस चिल्ला रही है - "हे भगवान ! क्या मुझे माँ बनने का सुख मिलेगा ? हा ! हां हा.. हा....." वह रोने लगती है, एकदम शरीर सिहर उठता है।

फलवाली

"ले लो भैय्या ताजा फल, लाल-लाल सेब कशमीरी सेब, सस्ते केले, दस रुपये दर्जन, ले लो भैय्या ले लो। दिल वाले अगर हैं, तो दुलार बताओ, इस छोटी बच्ची पर। ले लो फल ताजे फल, मेरे फल तुम शिव पर चढाओ, वंछित फल आवश्य पाओ। ले लो भैय्या, लेलो फल। दादी लेलो नरम फल। खाओ इसे तो तुम्हें मिलेगा बल। लेलो ताजे ताजे फल, लेलो-ताजे-ताजे फल।"

यह ध्वनि सुबह से लेकर श्याम तक एक क्षण रुके बगैर सदा सुनाई देती है। शिवरात्री के दिन, लक्ष्मेश्वर के मुक्तिधाम मंदिर में शिव का मेला होता है। हजारों श्रद्धालु,भक्त भगवान शिव का दर्शन पाने के लिए आते हैं। दर्शनार्थी लंबी कतार में खड़े हैं, दर्शन की इच्छा लेकर। हरेक भक्त अपनी हैसियत के अनुसार फल-फूल अगरबत्ती त्रीदल बिल्वपत्रि आदि भगवान के चरणों पर चढ़ाकर अपनी मिन्नते मांगते रहते हैं। कोई साहूकार भक्त होंगे, तो भगवान का एक शिवलिंग समर्पित करते हैं। क्योंकि वहां की मान्यता है, कोटि लिंगो की स्थापना करने से वह शक्ति निर्माण होगी जो कि भक्तगणों की मनोवांछित इच्छा पूरी करेगी। इसलिए यहां जिधर भी देखा जाए, शिव लिंग ही शिवलिंग नजर आते हैं।

पूरब की ओर शिवमंदिर है और पश्चिम की ओर बापूजी का आश्रम। दोनों के बीच से सड़क जाती है। मंदिर के दाहिने हिस्से में नल लगा हुआ है, जहां भक्तगण हाथ-पैर धोकर, फल-फूल खरीदकर, भगवान का दर्शन करने के लिए कतार में खड़े हो जाते हैं। सड़क के पश्चिम की ओर दो बड़े-बड़े नीम के वृक्ष हैं। उनके नीचे भक्तगण के बैठने के लिए पत्थरों के चबूतरे बनाये गए हैं। थके हारे भक्त नीम की ठंडी छाया में अपनी थकान दूर करते रहते है। नीम वृक्ष के थोड़े आगे कमल के फूल पर खड़े महादेव पार्वती की सुंदर मूर्ति लगी है। इसे देखने के लिए विशेषकर युगल बहुत आते हैं। बड़े ही आकर्षित करने वाली प्रतिमा बनाई गई है।

'ओम नमः शिवाय, ओम नमः शिवाय...' की ध्वनि की गुंजन आकाश तक

पहुंच रही है। मंदिर में घंटियों की ध्वनि भी जोर पकड़ते जा रही है। अब आरती करने का समय है। स्वर में ओंकार का उच्चारण कर रहे है। इन भक्तों की ध्वनि से भी बढ़कर उस फलवाली लड़की की ध्वनि सुनाई देती है। 'लेलो ताजे-ताजे फल, मीठे फल, भगवान को है यह प्यारे फल' जैसे-जैसे भक्त गणों की ओंकार की ध्वनि जोर पकड़ती जाती है, उसी गति से यह छोटी सी लड़की की दौड़-धूप बढ़ने लगी है। दोनों हाथों से फलों की टोकरी पकड़कर भक्तो के समीप जाकर मिन्नते करते हुए कहती है 'हे दादा ! फल लेकर इस गरीब लाचार लड़की पर मेहरवानी करो।' फल नहीं फूल ले लो, इसे तो भगवान बहुत चाहते हैं, यह कमल पुष्प, आप अगर शिव पर चढ़ाएंगे, तो तुम्हारा घर सुधर जाएगा। तुम्हारे बाल-बच्चों का उद्धार होगा, तुम बड़े श्रीमंत बनोगे, ले लो भैय्या, फल... फल ले लो। हे माई, तुम क्या है कमाई, सब कुछ यहीं है गवाई। नाम कर, कुछ फूल-फल खरीदकर, भगवान तुझ पर रहम करेगा, तू मुझ पर रहम कर'' - कहते हुए वह बालिका सर्र-सर्र बिजली की गति से घूमने लगी है।

यह सांवली, पतली, छोटे कद वाली लड़की का नाम रेणुका है। मुख सुंदर, आँखें बड़ी-बड़ी, बाल पूरा घुटनों तक फैले हुए हैं। फटा हुआ झगा पहनकर, अपने ही धुन में फल बेचते रहती है। माँ भी साथ में रहती थी, परन्तु आज उसे आराम न होने के कारण सड़क के बाजू धूप में ही जमीन पर सोई है। ज्वर से शरीर जल रहा है, ऊपर से धूप की गर्मी के कारण उसे बहुत तकलीफ हो रही है। खाने के लिए पास में कुछ भी नहीं है। सुबह

जल्दी आने के कारण वे घर में भी कुछ नहीं पकाई हैं। ज्वर की जलन,धूप की गर्मी के अलावा, यह भूख की तड़प के कारण पेट में और इतनी आग भड़कने लगी है। भूख सहन न होने के करण रेणुका की माँ उसे कहती है - ''बेटी, बहुत जोर की भूख लगी है। कहीं से खाना मांगकर ले आओ, मुझसे उठना नहीं होता। मैं फल बेचते बैठुंगी।''

माँ की भूखी आवाज ने रेणुका को कमजोर कर दिया और सोचने के लिए मजबूर भी। एक क्षण के लिए वह स्तब्ध रह गई । स्वप्नलोक में उतर गई, अपना अतीत आँखो के सामने आने लगा। यह छोटी लड़की रोज स्कूल जाकर, शाम के समय वापस घर आती थी। माँ की राह निहारते हुए झोपड़ी की दीवार से टेका देकर बैठी रहती थी। शाम को जब माँ आती, तो बाजार से इसे खाने के लिए कुछ लाती थी। कभी कभी देर रात तक माँ घर पर न आने के कारण, वह इन्तजार में बैठी जगह पर ही सो जाती थी, अपने बगल में स्कूल का बैग पकड़कर।

रेणुका हंजगी का स्कूल का बैग सब से अलग किस्म का होता था। वह निरमा

वाशिंग पाउडर के प्लास्टिक बैग को अच्छा धोकर, अपनी माँ की फटी हुई साड़ी का एक डोर बनाकर बांध देती थी और उसमें अपनी दो किताबें रखकर, उन्हें बाए हाथ से संभालते हुए झूम-झूमकर चलती थी। दाहिने हाथ में एक पेन की रिफिल पकड़ लेती थी, ताकि वह कहीं गुम न हो। दूसरे छात्र छात्रा इसके कपड़े और बैग को देखकर चिढ़ाया करते थे। परन्तु रेणु कभी टस-से-मस नहीं होती थी। बस, अपने लक्ष्य की ओर बढ़ते रहती थी। किताबें न मिलने के कारण, वहां स्कूल में ही पाठ बड़े ध्यान से सुना करती थी और उन सारी बातों को जेहन में रखा करती थी, जो अध्यापक पाठ से संबंधित विषय बताते थे। जब कभी किसी पाठ पर अध्यापक प्रश्न करते, तो झट से हाथ ऊपर उठाती थी, उत्तर देने के लिए। वह कभी स्कूल जाने से छुट्टी नहीं लिया करती थी। बस, जिस दिन हाट या मेला लगा होता था, उस एक दिन की छुट्टी लेती थी। उस दिन फलों का व्यापार जोरों पर होता था और माँ की मदद करना भी होता था।

रेणुका के पिता चप्पल बेचने का काम करते थे, क्योंकि वे जाति से चमार है। छोटी बेटी होने के कारण पिता इसे दिल और जान से चाहते थे। वे एक दिन चप्पलों की दुकान बंद करके घर आ रहे थे, समय काफी हो गया था। बेटी पिता को बहुत चाहने के कारण, उनके साथ बैठकर खाना खाया करती थी। परन्तु आज भूखी बेटी बाप के इन्तजार में बैठी है। समय न कटने के कारण किताबों के पन्ने पलट रही है। रात के बारह बज रहे हैं। किसी व्यक्ति की आने की आहट सुनाई दी। रेणु खुश हो गई, मेरे पिता ही आए समझकर। परन्तु कोई अन्य व्यक्ति देखकर घबरा गई - "इतनी रात आप क्यों आए हैं चाचा ?" कहकर पूछने पर उस व्यक्ति ने बताया- "तुम्हारे पिता बाजार के मुख्य रास्ते पर तड़पते हुए गिर गए हैं।" यह सुन रेणु अपनी माँ को बताये बगैर ही, रात के अंधेरे में भागते-भागते चली गई। इसकी माँ ने पिता के साथ झगड़ा किया था, रेणु अपने पिता को संभालकर घर तक लाई। रात का खाना किसी ने भी नहीं खाया था। पिता के सारे कपड़े गंदे हो गए थे। इस कारण रेणु उन्हें नहलवाने, गुसलखाने में ले गई। गुसलखाना खुले में ही था। ठंडे पानी से नहलाया। पिताजी अब और भी अस्वस्थ हो गए, बाये हाथ पैर में संवेदना ही नहीं हो रही थी। उन्हें लकवे का असर हुआ और एक घंटे में ही परलोक सिधार गए। यह दर्दनाक घटना देखकर, सारे पड़ोसी आश्चर्य से दातों तले उंगली दबाने लगे, परन्तु इनकी मदद के लिए कोई आगे नहीं आए।

उस शव को सामने रखकर रात भर जागना होता है। न मुहल्ले वाले आए, ना कोई अन्य जाति धर्म वाले आकर जागरण किए। अकेली रेणुका परिवार के सदस्यों को समझाते रही, सांतवना देते रही, जागरण करने के लिए, ढोलक लेकर गाना गाते

रही और ढोलक बजाते रही। रात के तीन बजे से लेकर दूसरे दिन सुबह नौ बजे तक अकेली गाती-बजाती रही। कोमल उंगलियों में सूजन आयी थी। ढोलक बजा-बजाकर मुलायम उंगलियों से खून टपक रहा था। आँखो की पुतलियों की चमक गायब हुई थी, सतत रोने से। सभी ओर के सगे-संबंधी आने तक, शव को रखा गया था। फिर शाम के छः बजे दाहसंस्कार सम्पन्न हुआ। आग की लपटों को देख-देख कर रेणुका तिल-तिल जल रही थी।

अंतिम संस्कार हुए दो घंटे बाद, चचेरा भाई रेणुका के पास आकर दो हजार रूपये मांगता है, जो कि उसने दाह संस्कार के लिए दिया था। कितना समझाने पर भी वह मानता ही नहीं, कैसी यह सत्व परीक्षा, देखिए। उसी समय रेणुका ने गाँव के साहुकार के पास जाकर, दो हजार रुपये ऋण ले आयी और उसे दे दी। कितने दिनों तक रेणुका शमशान भूमि में जाकर, अपने पिता की याद करके रोते बैठती थी। अब वह सयानी हो गई है, सो सोचने की क्षमता बढ़ गई है।

इन अतीत की घटनाओं की जुगाली करते हुए, मंदिर में चलने वाला दासोह (अन्नदान) के पास जाकर, माँ के लिए अन्न लेकर आई है। माँ धूप में सोई है, उसे उठाकर, उसका सिर अपनी गोद में रख लेती है और माँ के मुख में एक-एक निवाला डालती है। अब तो रेणू के मन में दुःख का सागर ही उमड़ पड़ा है। वह एक बालिका होकर भी, माँ की एक शिशु के समान देखभाल कर रही है। ऐसे दुखदायी समय में एक अठराह साल का युवक फल खरीदने के लिए आया और पूछने लगा- "आम का दाम कितना ? और बेचने वाली का कितना ?" इन शब्दो को सुनकर, रेणुका आग बबूला बन गई। फिर भी शांत स्वभाव से कहने लगी- "देखो भाई साहब, यहाँ आम बेचे जाते हैं, आमवाली नहीं। भगवान पर फल-फूल चढ़ाए जाते हैं, फलवाली को नहीं।" कहने पर वह व्यक्ति अपना सिर नीचा करके चला गया।

रेणुका अपनी माँ को गोद में लिए आँखो से आँसू बहाते हुए, वही बोल आज भी बोल रही है -"ले लो भईया ताजे फल, इसे खाने से तुम्हें मिलेगा बल...।" इन शब्दों में आज वह आत्मविश्वास नहीं है, जो बचपन में हिरणी के जैसी चाल चलकर दौड़ दौड़ कर फल बेचा करती थी। वह आज इस समाज पर क्रोधित होती है, गरीबी के भयानक रोग पर क्रोध जताती है और अपने भविष्य को निहारती हुई डूबते सूरज की ओर ताकती है। वह सोचती है - "क्या मेरा जीवन भी, ऐसे ही एक दिन डूब जाएगा, बिना कुछ प्राप्त किये ही।" कहकर आँखों को झुका लेती है। वहीं दो बूंद आँसू माँ के गाल पर गिर गए। माँ को कुछ महसूस नहीं हो रहा था। वह आँसू माँ के गाल पर शाश्वत बने रहे, माँ की आँख कभी खुली नहीं। इसकी पीड़ा कभी जीवन से दूर हुई नहीं।

यही मेरी माँ है

''माँ जरा देखो तो, बेटा दूध ही नहीं पी रहा है। बस रोये जा रहा है, क्या करूँ! गाय का दूध ही तो अब इसका अन्न है, अगर यह भी नहीं पियेगा, तो जिएगा कैसे?'' रमेश की आँखें भर आईं और दुखी होने के कारण होंठ हिलने लगे, आर्तनाद भरी आवाज में कहने लगा - ''माँ इसे बचा लो.... माँ मेरे लाल को बचा लो ! बचा लो... ।''

बेटे का दुख देखा नहीं गया माँ से, सो पड़ोस में सावित्री पांडे रहती थी, उसकी एक छः महिने की बेटी है। उसके पास जाकर प्रार्थना करने लगी - ''बेटी, मेरा नवासा गाय का दूध नहीं पी रहा है। डिब्बेवाला दूध भी नहीं पी रहा है, अगर वह ऐसा ही करते रहेगा तो अंजाम ठीक नहीं होगा। इसलिए हाथ जोड़कर तुझे विनती कर रही हूँ..... मेरे नवासे को थोड़ा दूध पिलादो !'' सावित्री संशयी भाव से एक नजर नागरत्नम्मा की ओर देखकर कहने लगी - ''अम्मा, ऐसे कैसे होगा ? ना-ना, मेरे पति काम पर गए हैं, उनके आने के बाद, पूछकर आपकी मदद करूंगी। ऊँ... ऊँ हाँ... हाँ, सुनो, . . . अम्मा, अगर मैं आपके नवासे को दूध पिलाऊँगी तो मेरी बेटी को ? वैसे भी, दूसरे बच्चे को दूध पिलाना ठीक नहीं होगा, बच्चों को अपनी माँ का दूध ही ठीक रहेगा।''

नाराज होकर घर वापस आकर नवासे की चिंता में बैठे-बैठे रोये जा रही थी अम्मा। एकाएक, ''अम्मा पीछे का दरवाज खोलो, मैं ओबव्वा हूँ।'' की आवाज आई। यह सुनकर नागरत्नम्मा पीछे का दरवाजा खोलने जा रही थी, आँखों के आँसू नहीं थम रहे थे, नवासा तीन दिन से थोड़ा भी दूध नहीं पिया था। डॉक्टर की सलाह भी ली गई थी। डॉक्टर कहने लगे -''ऐसा केस मेरे जीवन में पहली बार देख रहा हूँ कि बच्चा ऊपर का दूध नहीं पी रहा है।

इसे इंजक्शन या सलायन कितने दिन तक दे सकते हैं ? कोई इलाज करना पड़ेगा किसी अन्य नारी का दूध पिलाना, बस यही एक राह बच गई है। यह प्रयत्न

तो करके देखो।" वे सारी बातें अम्मा को याद आने के कारण उसका मन दुख का पहाड़ बन गया था। इसकी आँखें कभी आराम ही नहीं ले रही थी। दरवाजे की कुंडी निकालकर, मुख नीचे करके आँखे साफ कर रही थी। यह देख ओबव्वा ने दरवाजे के अंदर कदम रखते हुए पूछा-

"मालकिन मुझे आपके घर का चौका बर्तन करते हुए पंद्रह बरस हो गये हैं। लेकिन इसके पहले आपको इतना दुखी कभी नहीं देखा। यहाँ तक कि आपकी बहू, बेटी मरने पर भी आप इतनी दुखी नहीं हुई थी। आज ऐसी कौनसी आफत आ पड़ी है आप पर, जो आँखो की धारा रूक नहीं रही हैं।" "देख ओबव्वा मेरे घर की कहानी तो तुझे मालुम है, तुझसे क्या छिपाना है। रमेश, मेरे नवासे की दशा देखकर, तिल-तिल कट रहा है। खानदान का एक ही तो वारिस है, यही हमारे वंश का उद्धारक है, इसे कुछ होगा तो फिर दिया लगाने वाला कोई नहीं बचेगा हमारे खानदान में। बता ओबव्वा इसे कैसा बचा लूँ, मैं इसकी माँ कहाँ से ला दूँ, इसे। आड़ोस-पड़ोस की सारी माताओं से पूछा, परंतु दूध पिलाने के लिए कोई भी तैयार नहीं है।"

उसकी दुख भरी बातें सुनकर ओबव्वा भी दो बूंद आँसू टपकाई, माँ का ह्रदय जो है, ममत्व से पसीज उठा और बच्चे की भूख की दाह जानकर दुखी हुई। इसका भी छः महिने का छोटा सा लाडला है। उसकी छवि आँखों के सामने आ गई और अपने ही बच्चे की ऐसी दशा हो रही है समझकर इसका ह्रदय भर आया। ओबव्वा खुद को संभालते हुए मालकिन से कहने लगी - "अम्माजी, मैंने आपके घर का नमक खाया है। अनेक बार आपने मुझे दुख से उभारा है। मेरे बेटे श्रीमंत पर भी आपकी कृपा रही है। मेरी जजकी के समय आपने हमारी खूब सहायता की है। अगर मुझसे कुछ मदद चाहते हैं तो बताइए, मैं मेरे सारे बंधनों को तोड़कर, आपके नवासे की जान बचाऊंगी, मुझे क्या करना है, आदेश दो।"

इसकी स्वाभिमानी बातें सुनकर नागरत्नम्मा को आश्चर्य हुआ, वह निर्णय नहीं ले पा रही थी कि ओबव्वा से क्या कहा जाए। तब इसका मुख निहारकर ही ओबव्वा जान गई और सोचने लगी कि वह सोचती होगी, हम दलित हुए तो क्या हुआ यहाँ तो काम से मतलब रखने की सीख देना जरूरी है। बच्चे को बचाना ही सब कुछ है, मन की बातें होंठों पर लाते हुए कहने लगी - "मालकिन आप क्या सोच रही हैं? ऐसे समय में जाति-धर्म को लेकर सोचते बैठेगी तो नवासे को हाथ से खोना पड़ेगा। देर नहीं करना चाहिए अरे हम भी तो मानव ही हैं। मैं मानवता से नाता रखने के कारण ही तो इस बात को मान रही हूँ गर मैं भी आपके पडोस और सजातियों जैसा व्यवहार करूं तो बताओ, उनमें और मुझमें क्या अंतर रहता ? यह पुन्यमय कार्य

करके आपके ऋण से मुक्त होना चाहती हूँ, अब समय चलकर आया है, नहीं तो आपके ऋण से मुक्त हुए बिना ही मरना पड़ेगा।''

नागरत्नम्मा दुविधा में पड़ गई कि क्या करें ? कुछ सूझ नहीं रहा था। बारी-बारी से उनकी आँखों के सामने नवासा और रमेश की तस्वीरें आँख मिचौनी खेल रहे थे। ''खानदान का चिराग जलाने वाला जिंदा रहना चाहिए।'' यह भावना मन में प्रबल हो उठी और आहिस्ता से ओबव्वा का हाथ अपने हाथों में लेकर बिनती करने लगी - ''देख ओबव्वा मेरे, परिवार की लाज रखेगी ना ? पहले मुझसे वादा कर, ये बातें किसी को नहीं बतायेगी। मेरा बेटा रमेश सनातनी विचारवादी है। उसे किसी भी कीमत पर इस घटना की जानकारी नहीं मिलनी चाहिए। हम दोनों के सिवाय सिर्फ उस ऊपर वाले जादूगर को पता रहेगा। मेरी लाज रखना । यह ले मेरे नवासे को तेरे आंचल में डाल रही हूँ, आज से तू ही इसकी माँ बनकर दूध पिलाती रहना, परंतु किसी को कानों-कान खबर नहीं होना चाहिए, समझी ?'' कहकर गिड़-गिड़ाने लगी। आंचल के आड़ में बच्चा अपनी भूख मिटा रहा था। ओबव्वा का ममत्व खुलकर पसीज रहा था। स्तनपान से इसे जो आनंद मिल रहा था, उसे आँखे मूंदकर दीर्घ स्वास लेते हुए, ठंडक का अनुभव कर रही थी। ओबव्वा बस अब एक माँ थी।

दूध की कोई जाति नहीं होती, इसके मन में ममत्व के सिवाय और कुछ नहीं था। बच्चे का पेट भर गया और माँ की गोद में सो गया। तीन दिन की भूख और नींद से परेशान बालक अब निश्चिंत नींद में खो गया। यह देखकर नानी माँ फूले न समा रही थी, सो नवासे को अपनी गोद में ले लिया। ओबव्वा चौका बर्तन करके अपने घर लौट गई। माँ का हृदय सागर से भी गहरा और विश्व से भी विशाल होता है। ओबव्वा इन दोनों बच्चों को अपनी संतान की तरह ही हर रोज सुबह-शाम अपना दूध पिलाकर बढ़ाने लगी।

घर में रमेश अकेला पढ़ा-लिखा व्यक्ति था। इनका संयुक्त परिवार है। इसके अलावा एक बड़ा भाई और एक बड़ी दीदी है। बी. एड. होने के पश्चात 1984 में यह हाईस्कूल का प्राध्यापक बना है। भाई और दीदी के तीन-तीन लड़कियाँ हैं। पति मरने के कारण दीदी तीन बच्चों को लेकर मायके में ही रहने लगी थी। 1978 में बड़ा भाई अपने तीन बच्चों को रमेश के गले डालकर निकल गया। फिर दीदी भी उसके तीन बच्चों को छोड़कर स्वर्ग सिधार गई। भाई और दीदी के छः बच्चों को रमेश अपनी माँ नागरत्नम्मा की सहायता से पाल पोसकर बड़ा कर रहा था।

1986 में इसका विवाह संपन्न हुआ और एक साल में श्रीकांत नामक बच्चे का जन्म हुआ। दुखी जीवन को थोड़ा सा सहारा मिला समझकर रमेश कुछ पल सुकून से रहना चाहता था, लेकिन निसर्ग की शक्ति के कहर ने इसके जीवन में ऐसी पछाड़

मार दी कि महाशय इसके बाद कभी ऊपर ही नहीं उठ सका। बेटा जन्म लेते ही पत्नी भी साथ छोड़कर स्वर्गस्थ हो गई। बच्चे का जन्म होकर तीन दिन हुए थे सो उसे बचाने की एक मात्र चिन्ता रमेश को थी। माँ नागरत्नम्मा ने नवासे को दूध पिलाने के विषय को लेकर बेटे को कुछ दिनों के पश्चात बता दिया। रमेश धर्म का पक्का होते हुए भी बेटे को बचाने की चाह से जबान पर ताला लगा लिया था। बेटा अब स्कूल जाने के योग्य हो गया है। उसे नेशनल स्कूल बसवनगुडी बेंगलूरू के रेसिडेन्स स्कूल में रखा गया। इधर भाई तथा दीदी के बच्चों को भी कन्नड माध्यम स्कूल में पढ़ाया जा रहा था।

एक दिन बेटे से मिलने के लिए रमेश बेंगलूरू जा रहा था। बस में पुराना मित्र मिल गया। दोनों की बातचीत होती रही। सुख-दुख की बातें चलने लगीं । बातों-बातों में मित्र ने पूछा रमेश क्या तुमने दूसरा विवाह कर लिया है ? "रमेश ने कहा - "देख दोस्त, विवाह कोई गुड्डा-गुड्डी का खेल तो नहीं है, एक मर गई दूसरी कर ली, दूसरी नहीं तीसरी.... यह जानवर जैसा जीवन मुझे पसंद नहीं है। मैं मानता हूँ, एक पत्नीत्व के संबंध में तो दोनों का रूणानुबंध होता है वह बन्धन टूटने के बाद उस अनुभव से गुजरने के पश्चात फिर क्या रखा है इस विवाह में, सिर्फ शारीरिक सुख के लिए साथ रहना है । मानसिक सुख तो पत्नी के साथ ही चला गया, वह अब कहीं नहीं मिलता। दूसरी शादी ? नहीं... नहीं, मेरी और बच्चों के देखभाल तो मेरी माँ रहने तक होगी । फिर बच्चे बड़े होने पर वे अपने ढंग से जिएंगे। मुझे और एक शादी करने की जरूरत ही नहीं है।" यह लंबा चौड़ा भाषण सुनकर मित्र ने कहा- "जीवन में एक नारी चाहिए दोस्त, अभी जवान है, कुछ नहीं दिखेगा, परंतु बुढ़ापे में किसी का सहारा अवश्य चाहिए।" रमेश भावुक हो उठा और कहने लगा - "मेरे बेटे की माँ नहीं है, ऐसा सोचते बैठुँगा तो अनेक बच्चों के माँ-बाप दोनों भी नहीं हैं, वे तो अनाथ आश्रम में पलते हैं। इनसे तो मेरा बेटा भाग्यशाली है ना, जो मैं हूँ। देख दोस्त मैं ढेर सारी आशाओं को मन में जगाकर सुखमय जीवन को अपने हाथ से खुद बरबाद नहीं करना चाहता। इसलिए ही मैं अकेला हूँ। हाथ पैर चलने तक मेरा काम मैं कर लूंगा, मुझे आज इक्यावन वर्ष हो गए हैं, मेरे कपड़े मैं ही धोता हूँ, मेरा खाना मैं पकाता हूँ क्योकि अब माँ उन्यासी वर्ष की हो गई है। भाई, बहन के बच्चों की शादी होकर अपने-अपने घर चले गए हैं। श्रीकांत को भी नौकरी मिली है, इसी कॉलेज में अंग्रेजी प्राध्यापक बना है, जहां वह प्राथमिक कक्षा से एम. ए. तक पढ़ा था। वह बड़ा साहित्यकार भी है। उसे कल अमेरिका सरकार की ओर से सम्मानित किया जा रहा है। यह कार्यक्रम उसके कॉलेज में ही आयोजित हो रहा है। उसी कार्यक्रम में उपस्थित होने के लिए ही मैं और मेरी नौकरानी जा रहे हैं।" नौकरानी

कहने पर दोस्त कहने लगा - "इसे क्यों ले जा रहे हो भाई ? क्या बात है, ऐसी बुढ़िया को वैसे बड़े कार्यक्रमों में ? फिर कपड़े भी तो सही ढंग के नहीं हैं, मर्यादा का कुछ खयाल रखते चलो।" रमेश बोला - "दोस्त इसके पीछे बहुत बड़ा इतिहास है, फिर कभी बताउंगा।" अरे भाई, ऐसा कौनसा इतिहास है, आज ही बात दो ना, मैं अभी तेरे साथ बेंगलूरू तक आ रहा हूँ। रमेश सेाचकर कहने लगा - "ऐसी बात है तो कल के कार्यक्रम में जरूर आना।" कहकर दोनों अपनी- अपनी सीट पर आराम करने लगे।

सुबह का सुंदर वातावरण उध्यान नगरी की आब और हवा में चैतन्यता भरी हुई थी। नेशनल कॉलेज का प्रांगण दुल्हन की तरह सज चुका था। लाखों लोग मंचोन्मुख बैठे थे। मंच पर संचालक कार्यक्रम शुरू करने की तैयारी में इधर-उधर घूम रहा था। बीच-बीच में साउंड सिस्टम की परीक्षा कर रहा था -"हेलो माइक टेस्टिंग" की ध्वनि की प्रतिध्वनी गूंज रही थी। कुछ क्षण के बाद देश भक्ति का रिकार्ड डाला गया -"हे मेरे वतन के लोगों, जरा आँखो में भर लो पानी, जो शहीद हुए हैं उनकी, जरा याद करो कुर्बानी . . ।" इस गाने पर कॉलेज के छात्र-छात्रा ताल से ताल मिलाते हुए सुंदर ढंग से नृत्य कर रहे थे। जैसे ही नृत्य समाप्त हुआ, अतिथी को मंच पर बुलाया गया, स्वागत गीत, भाषण के उपरान्त श्रीकांत को सम्मान कार्यक्रम के लिए उद्घोषित किया गया। यह सुनकर लोग खड़े होकर श्रीकांत का अभिवादन करते हुए, काफी समय तक तालियाँ बजाते रहे। श्रीकांत ने कार्यक्रम के मुख्य अतिथी से प्रार्थना कि -"मेरे माता-पिता को मंच पर बुलाना चाहता हूँ।" कहने पर मुख्य अतिथी ने मान्यता दी।

माँ मंच के सामने वाली कतार में ही बैठी थी, मंच पर बुलाने के पश्चात एक-एक सीढ़ी चलकर आते समय, श्रीकांत माता के प्रति अपने विचार व्यक्त करने लगा - "दूध किस गाय का है, उसे देखकर हम पहचान नहीं सकते। उसी तरह माँ की ममता की पहचान भी नहीं कर सकते की किस माँ कि ममता हमें मिली है। ममता तो ममता होती है, वह तो सिर्फ माँ से मिलती है। जिस नारी के पास माँ का हृदय होगा, उसमें ममता का तूफान उठ जाएगा, फिर वह सभी बाल - बच्चों को ममता रूपी अमूल्य भावनाओ को बाँटने का प्रयत्न करेगी। उनमें से ही एक यह मेरी माँ है। आज गर्व से कहता हूँ, मैं जिंदा हूँ तो यही मेरी माँ के कारण हूँ। मेरी माँ के आशीर्वाद और त्याग के कारण ही मेरा नाम विश्वविख्यात हुआ है। वर्ना मैं कभी का...। मुझे लगता है, मैं इस पवित्र भूमि पर जन्म लेने के कारण ही शायद मुझे ऐसी माँ मिली है। इस देश में ऐसी माताओं की कमी नहीं है। उनको ढूँढने वाली नजरों की कमी है। हे माँ, यह तेरा लाल आज भारत माँ का लाल बना है, तेरी तपस्या से ही

खुशहाल बना है। खुश रहूंगा जीवन भर मैं, अगर साथ न छोड़े ममता तेरी।''

ऐसा कहकर जो सम्मान इसे किया जा रहा था, उसी कुर्सी पर माता को बिठाकर उसका सम्मान कराने लगा और खुद उस माँ के चरणों पर झुका रहा। यह देख श्रोताओ में एक क्षण स्तबधता छा गई। प्रांगण में लाखो लोग होते हुए भी जिधर देखो उधर सांय-सायं करने लगा, फिर एक ही ध्वनि में देर तक तालियों की गड़गड़ाहट होने लगी। यही उस गरीब माँ के ममत्व और दूध के दान का स्वागत था।

गुरू देवो भवः

गोल चहेरा, रंग सुनहरा, भरा हुआ शरीर, आँखें टपोरे, होंठ गुलाबी, कद नाटा, बाल लंबे, चाल हिरनी की तरह, जब चलने लगती है तो पवन की गति भी शरमाती है। खो-खो खेलते समय भागती है, तो चीता की चाल को भी पीछे छोड़ देती है। गाना गाती है, तो कोयल का कंठ भी नीस्वर लगता है। हंसती है, तो मोतियों का धवल वर्ण फीका पड़ता है। ऐसी मेधावी लड़की दलित हो सकती है? पाठक यह विचार करते होंगे। यह सत्य है। पढ़ाई में सदा अव्वल रहने वाली सीता, कविता वाचन, निबंध लेखन आदि में सदा भाग लेती थी। ऐसी प्रतिभा सम्पन्न पुत्री को जन्म देकर माँ बाप अपने जीवन को धन्य समझ रहे थे।

सीता दसवीं कक्षा में पढ़ रही थी। पिता सर्वे ऑफिस में क्लर्क हैं। इनका एक सहकर्मी अशोक ब्राम्हण जाति का है। इसकी पुत्री अनिता भी सीता की सहपाठी है। दोनों एक दूसरे को छोड़कर क्षणभर भी दूर नहीं रहती थीं। जब तक स्कूल का समय होता था, तब तक कक्षा में दोनों साथ ही बैठती थीं, साथ ही खाना खाती थी। स्कूल की छुट्टी होने के पश्चात् घर जाकर दोनों साथ में पानी लाने के लिए कुएं पर जातीं, पानी भरने में भी दोनों में होड़ लगी रहती। अनिता का भाई कुएं से पानी उठाकर देता था और यह दोनों मिलकर घर के सारे बर्तनों में पानी भर देतीं।

दोनों किराये के धर में ही रहते थे उनका घर आजू बाजू ही है। इनकी आत्मीयता की गहराइयों को देखकर सब लोग दांतों तले उँगलीं दबा लेते थे। इसका कारण यह था कि एक अछूत और दूसरी ब्राम्हण की पुत्री साथ-साथ रहती थीं। दोनों भी एक सा ड्रेस सिलाती थीं। इनके रहन-सहन और दोस्ती को देखकर लोग इन्हें गंगा-जमुना के नाम से संबोधित करते थे। शिक्षक कहते - ''अब साथ साथ रहती हो, फिर विवाह होने के बाद क्या करोगी ? एक ही पति को कर लोगी ?'' गुरूजनों का कहना सुनकर, दोनो भी शरमाती और मुंह छिपा लेती थीं।

इतनी गहरी सहेलियाँ होते हुए भी अनिता, सीता पर जलती थी। यह बात तब

पता चलती थी, जब साल के अंत में परीक्षा होती। फलितांश दस अप्रेल को सुनाया जाता था। हर विषय में सीता ही अनिता से बढ़कर अंक प्राप्त करती थी। प्रमाणपत्र हाथ में आते ही अनिता अपने अंक देखती और छिपा लेती थी, क्योंकि सीता के अंक देखकर, अपने अंक बताना चाहती थी। जब सीता के मार्क्सकार्ड में ज्यादा अंक देखती तो रोना चालू करती थी। क्योंकि सीता उससे भी ज्यादा अंक लेती थी।

वह रोते-रोते अपने घर चली जाती, सीता उसके साथ घर तक नहीं जा पाती। वह रूठकर इसे यहीं छोड़कर चली जाती थी। सीता को आखिर तक इस बात का पता नहीं चला कि अनिता मेरी आत्मीय सहेली होते हुए भी मेरे अंकों पर क्यों नाराज होती है। इसका मूल कारण यह था - अनिता अपना प्रमाणपत्र लेकर जब घर पहुंचती, तो उसकी माँ उसे पहले यह पूछती- "सीता ने कितने अंक प्राप्त किये हैं।" अनिता बता देती -"मुझसे ज्यादा ......।" माँ, बेटी को पीटना शुरू करती और कहती - "लाज नहीं यत यह मला सुनाते हुए ? एक दलित अछूत की लड़की तुझसे ज्यादा अंक प्राप्त करे और तू ब्राम्हण की पुत्री होकर कम अंक प्राप्त करती है ? सुन, हम ही तो है विद्या को अर्जन करने वाले श्रेष्ठकुल इस देश के।" अनिता परेशान होती थी, माँ की बातों को सुनकर, विशेषकर अछूत को लेकर। इस भेद का अनिता को अगर पता होता,तो शायद वह सीता से इतनी गहराई से मित्रता कभी नहीं बढ़ाती। इसकी माँ ने भी कभी उसे जाति के बारे में नहीं कहा था, फिर आज जाति के नाम पर क्यों डांटने लगी है माँ ? यह प्रश्न आज भी अनिता के मन से नहीं मिटा है।

दोनों सयानी हुई हैं। सीता का विवाह बैंक कर्मचारी के साथ हुआ है। पति के घर में मुक्त वातावरण नहीं है। इसका विवाह अठराह वर्ष में हुआ था। पति के घर में रहकर ही पढ़ाई जारी रखी। ससुराल में बड़े ही संशयी मिजाज के लोग हैं। इसके पहले सीता की जितनी पढ़ाई की हुई महिला दलित जाति में नहीं थी।

चिंदबर नामक प्राध्यापक गणित पढ़ाता था। यह बारहवीं कक्षा की बात है। यह शिक्षक सीता की प्रतिभा पर अक्सर जला करता था। मौका मिलते ही कोई न कोई हीन विचार सीता के मस्तिष्क में डालने का प्रयत्न करता था। यह भोली लड़की एकलव्य-सा प्रमाणिकता से अपने गुरू की बातें सुनते रहती थी। इसे यह पता नहीं था कि यह गुरू के रूप में भेड़िये का काम कर रहा है। समय बीतता गया। सीता बारहवीं पास हुई और उस कॉलेज को छोड़कर, उच्च शिक्षा प्राप्त करने के लिए, पदवी कॉलेज में दाखिला किया। पति के प्रोत्साहन से वह विद्यावाचस्पति की उपाधि हासील की। एक दिन पेपर में विज्ञापन देखती है कि राधाकृष्ण कॉलेज में हिन्दी प्राध्यापक की जगह खाली है, वह भी अनुसूचित जनजाति के लिए रिजर्व था। यह

देखकर सीता खुश हो गई और सोचने लगी, मैं जिस विद्यालय की छात्रा थी, वहीं सेवा करने का अवसर प्राप्त होगा, तो मैं बड़ी भाग्यवती बनूंगी।

साक्षात्कार में इसे ही चुना जाता है, यह सुनकर सीता फूले न समाई। अब हर रोज नौकरी के लिए जाती और शाम होते ही घर लौट आती थी। दिनभर अपने पुराने गुरूजनों के साथ रहने के अवसर प्राप्ति को देखकर सदा आनंदित रहती। वह सोचती है- "मैं अगर प्राध्यापिका बन भी गई हूँ तो क्या हुआ, मेरे गुरूजन मेरे लिए गुरू ही है। समझकर उन्हें मान मर्यादा देती थी। शिक्षक दिवस पर सभी को तोहफे के रूप में पेन देती थी। यहाँ पर ज्यादातर ब्राम्हण शिक्षक ही थे क्योंकि संस्था उन्हीं की थी। सिर्फ तीन लोग एस सी., एस. टी. के थे। मेडम सीता अनुसूचित जनजाति की थीं। सारे ब्राम्हण शिक्षक इसे एक वचन में ही बुलाया करते थे।

यह सोचती थी कि मैं इनकी छात्रा होने के कारण ऐसा बुलाते होंगे परन्तु उनके मन में ऐसे कलुषित भावनाएँ भरी पड़ी थी। वे सोचते थे - "एक अछूत और अपनी ही छात्रा को हम सम्मान दें ? साथ में बिठा लें?" इन हीन विचारों को कभी खुलकर नहीं बताते थे फिर कहने वाले कहते - "भगवान बड़ा दयावान है सीता, तुम जो फिर से हमारी नजरों के सामने रहने लगी है। विशेषकर गणित का शिक्षक कहता है - "सीता, हम पहले किसी जन्म में मिले थे शायद, इसलिए इस जन्म में दुबारा दूसरी बार मुलाकात हो रही है। पहले जन्म में तेरा मेरा कोई संबंध होगा, इस कारण ही तुम्हारे साथ मेरा मन सदा बातें करते रहने के लिए कहता है। इसीलिए मैं तुमसे बार-बार बातें करते रहता हूँ, तुम्हारे मना करने पर भी।"

भोली सीता भगवान पर भरोसा रखने वाली है, सो इसके मुख से जन्मों का सबंध के विचार सुनकर नरम हो जाती है, यही मौका पाकर गणित शिक्षक इन तीनों एस.सी उस. टी शिक्षकों में फूट डालने का ठान लेता है और एक एस. सी शिक्षक की टीका सीता के सामने करते रहता है। यह सुनकर सीता परेशान होती है और सोचती है यह व्यक्ति ऐसा क्यों करता है।

एकं दिन सीता स्टॉफरूम में अकेली बैठी थी। अन्य सभी कक्षा के लिए चले गए थे। गणित का प्राध्यापक स्टाफरूम में आकर सीता के बगल की कुर्सी पर बैठ गया और बातें करने लगा - "सीता वह अब्रह्मलिंकन कहाँ गया है।" यह पेंचींदी बातें सीता की समझ में नहीं आयी। वह पूछती है कौन ? वह कहता है - "वह एस सी प्राध्यापक कहाँ गया है, क्या झाड़ू लगाने ? हाँ....हाँ....हाँ....।" यह सुनकर सीता आगबबूला बन गई। अपने कौम का स्वाभिमान उसके मन में जाग उठा। कहने लगी-

"वह अगर अब्रह्मलिंकन है, तो तुम क्या हिटलर हो ? हम जो एकता से रहते

हैं, सो सुहाता नहीं ? तुम लोग युगों-युगों से दलितों में फूट डालते आये हैं और आज आधुनिक युग में भी ऐसा काम करते हुए तुम्हें शरम नहीं आती? अच्छे शिक्षित दलितों का ही तुम लोग आज शोषण कर रहे हैं, तो क्या हमारे अशिक्षित और कमजोर मासूम दलितों को जीने देंगे ? होशियार, आयंदा ऐसी बातें होगी, तो मुंह की खानी पड़ेगी।''

''नहीं-नहीं, सीता, तू तो खामा-खा नाराज हो रही है-'' कहते हुए गणित शिक्षक ने उसकी दोनों बाहों को जोर से पकड़ लिया। वह घबराकर परेशान हो गई। छुड़ाने के लिए कोई नहीं है, मन में धैर्य भर ली और अपने घुटने से उसके नाजुक अंग पर जोर का वार कर दी। वह तिलमिलाते हुए जमीन पर गिर गया। सीता उस पर चप्पलों की वर्षा करने लगी और चंडी बनकर कहने लगी - ''हे सवर्णों, दलित याने पैर की धूल समझ रखा है ? हम वह नस्ल नहीं हैं, जो सहकर, जोहार माई-बाप कहकर झुकने वाले थें। अब हम वह ताकत बन गए हैं, जो सदियों से खून चूसने वालों को मिटाने वाले फौलादी काल बनकर जन्म लिए हैं। संघर्ष ही हमारा जीवन है, अपमान सहना हमारे लिए मृत्यु है। तू तो गुरू के नाम पर कलंक है।'' कहकर सीता चिल्ला उठती है। उतने में सारे शिक्षक गण स्टॉफ रूम में आ गए। सीता ने उस शिक्षक पर केस किया, पुलिस आयी और उसे ले गई। वह कुछ दिन न्यायालय का चक्कर लगाता रहा, फिर सात साल जेल में सड़ते रहा।

जय पांडुरंग उठ्ठल्लू

पांडुरंगा विठ्ठल... जय पांडुरंगा विठ्ठला... जय हरि विठ्ठला... के जय-जयकार गुणगान, ताल-मृदंग के नाद के साथ गूंज रहा था। कर्नाटक के दावणगेरे जिल्हे का हिरेकेरूर गाँव के हर मुहल्ले में रास्तों पर पानी का छिडकाव कर रंगोली डाली गई थी। आम के तोरण से हर घर के द्वार सजाये गये थे। हिरेकेरूर से पंढरपुर जाने के लिये संतों की दिंडी तैयार है। भजन मंडली ने अपने साथ उपयोगी वस्तुओं की गठड़ी बाँध लिए हैं। सभी के हाथों में करताल है। मृदंग मास्टर बड़े ही जोरदार लयबद्धता के साथ कदम मिलाते हुए मृदंग बजा रहा है। पांडुरंग महाराज के हाथ में वीणा है। वे भक्तिपूर्वक ''जयपांडुरंगा विठ्ठला'' का स्वरनाद अपने हृदय से सुना रहे हैं। इनके नाद को दूबारा, भजन मंडली गा रही है। गाँव में संतों तथा भजन मंडली के चरणों को धोकर पूजा की जाती थी। पांडुरंग महाराज भक्तों के सर पर हाथ रखकर आर्शिवाद देते थे और उनके प्रति, अच्छी मनोकामना करते थे। संत के स्वभाव से समस्त गाँव वाले अति प्रभावित थे और आनंदित भी।

पांडुरंग महाराज, हर रोज ब्रम्हमुहूर्त में ही अपना दैन्यदिन कार्यक्रम समाप्त कर, भक्तों को दर्शन देने के लिए तैयार होकर बैठ जाते थे। जो कोई भक्त सुबह-सुबह उनके घर आते थे, उन्हें दर्शन देकर महाराज, आठ बजे के करीब अपने काम में व्यस्त हो जाते थे। घर में सारा सुख वैभव था। बेटा तुकाराम बड़ा ही होशियार निकला, कक्षा में प्रथम था। इसके शिक्षकगण, देशपांडे, बन्नीकट्टी, तथा रट्टीहाल गुरूजनों का चहेता तुकाराम अचानक ही स्कूल जाना छोड़ दिया है। क्योंकि फीस भरने के लिए पैसे नहीं थे, सो अपने ही दुकान में हजामत करने का काम करने लगा है।

यह विषय गुरूजनों को पता चलने पर, वे पांडुरंग महाराज के घर पहुंच गये और कहने लगे - ''महाराज आपका बेटा पढ़ाई में बडा ही होशियार एवं समझदार है। इसे स्कूल आने से मत रोकिएगा।'' कहने पर पांडुरंग महाराज कहने

लगे -"गुरूजी आपको हर माह तनखाह मिलती है। आपके बाल बच्चों की हर समस्या दूर होती है। परन्तु हम जैसे अछूत, मजदूर और गरीबो की समस्या, आज के दिनों में कभी नहीं सुलझतीं, गाँव में कोई मददगार नहीं है। लोग नाममात्र के लिए मुझे संत कहते हैं। परन्तु सुबह-सुबह मेरा मुख देखने से भी जी कतराते हैं। यह उनकी गलती नहीं है, बल्कि कुछ झूठे सामाजिक नियम बनाने वालों की गलती है। यह इन लोगों को समझ लेना चाहिए कि ऐसी गलत संस्कृति को पनपने के लिए जिसने भी जगह दी हैं, वे बड़े ही घटिया एवं सोचनीय हैं। मुझे एक ओर संत की उपाधी देकर सम्मान देने की बात करते हैं, तो दूसरी ओर हजाम (नाई) कहकर अपमानित करते हैं। ऐसी दुहरी नीति के समाज में जीना बड़ा ही कठिन है। इससे बेहतर और क्या हो सकता है ?"

कुछ दिन, महिने बीत गए। अब बुरे दिनों का सामना करना पड़ रहा है। शिक्षित लोग ही जातिवाद पर उतर आये हैं। गाँव में ठीक तरीके से काम करने पर, भी दाम सही नहीं मिल रहा हैं। सो पांडुरंग महाराज अपना घर-द्वार बेचकर शहर जाने का सोचेता है। यह विषय, गाँव वालों से पता चलने पर महाराज के साथ बड़ा ही अजीब व्यवहार करने लगे है। गाँव वालों ने मिलकर ऐसा षडयंत्र रचा कि उसका घर कोई भी न खरीदे। बेचारे महाराज मजबूर होकर वहीं रहने लगे हैं। अब इनका मन न पांडुरंग भक्ति में लगता था, न काम में। ऐसे ही दिन बीतने लगे हैं।

काम न होने के कारण, पेट पालने के लिए बाकी (ब्याज का पैसा) बढ़ते गया। गाँव का मुखिया सुमित मालिपाटिल का दबाव अलग था। वह कहता है कि -"पांडुरंग यह तुम्हारा खानदानी काम छोडकर कहीं नहीं जाना। यह तो तुम्हारे पूर्वजों की देन है। भला इसे कैसे टाला जा सकता है? यह तो तुम्हारे पूर्वजन्म के कर्म का फल है। दूसरी बात, तू हमारी सेवा करेगा तो भगवान तेरा भला करेगा। भगवान के पास देर है, लेकिन अंधेर नहीं है। तू यह काम छोड़ेगा तो तुझे पाप लगेगा और अगले जन्म में तू कुत्ता, बिल्ली सुअर बनकर जन्म लेगा। अब कष्ट उठायेगा तो अपने अगले जन्म में महाराज बनकर जन्म लेगा। सोच, अब का देखता है या अगले जन्म का।" ऐसा कहकर महाराज को डराने-धमकाने के साथ-साथ भगवान की कसम भी दिलाते हैं। अब तो पांडुरंग महाराज परेशान हुए हैं। इन्हें कोई रास्ता नहीं दिखाई दे रहा है, इस सनातनी विचारों से बाहर आने के लिए।

धनगर गल्ली में घर था। पड़ोसी बीरप्पा आज तक पांडुरंग के साथ बहुत हिल-मिलकर अच्छा रहता था। परन्तु अब दुश्मन बन बैठा है, क्योंकि गाँव के पटवारी का चेला होने के कारण, कठपुतली की तरह काम कर रहा है। यह हर रोज पांडुरंग के साथ लड़ाई-झगड़ा करने लगा है। इससे तंग आकर पांडुरंग धारवाड़ में

अपनी बहन के घर पर रहने लगा और रिस्तेदार के कटिंग दुकान में काम करना शुरू किया। महिने में एक बार गाँव जाकर पत्नी, बच्चों के लिए राशन तथा जरूरत की वस्तुएँ दिला देता था। एक वर्ष के पश्चात् महाराज सोचते हैं कि मेरे प्रति जो गाँव वालो के मन में जुगुप्सा थी, सो शायद कम हो गई होगी, समझकर फिर से हिरेकेरूर में ही रहने का निश्चय कर लेता है।

गाँव वालों की इन हीन हरकतो से परेशान होकर ही पांडुरंग का बड़ा भाई बालकृष्ण भी गाँव छोड़कर चला गया था। उसका घर खाली ही है। एक इसाई पादरी उस गाँव में रहने के लिए आया है। इसे गाँव में कहीं भी किराये पर घर नहीं मिल पाता, सो थका-मांदा पादरी पांडुरंग के घर के सामने से गुजर रहा था, प्यास लगने के कारण महाराज से पानी पूछता है औरु अपने धर्म का नाम भी बताता है। क्योंकि संपूर्ण गांव की गलियों में किराये पर घर ढूंढ़ते-ढूंढ़ते थक गया था और बहुत प्यासा भी था, इसलिए पीने के लिए जिस किसी को पाणी देने के लिए कहता था, तो वे इसे की जाति पूछते थे। पादरी जब सत्य का परिचय करवाता था तो लोग उससे दूर हो जाते थे और लोटे में लाया हुआ पानी, पादरी को पिलाने के बजाय, जमीन पर फेंक देते और जाति पर गालियाँ बकते थे। गाँव छोड़ने के पूर्व पांडुरंग से पादरी की मुलाकात हुई। वह उसे ठंडा पानी पिलाता है। साथ में यह भी भरोसा दिलाता है कि मेरे भाई का घर खाली है, उनसे मिलने पर घर प्राप्त होगा˙ इस व्यक्ति के बारे में पादरी सोच रहा है- 'गाँव में मनुष्य है तो सिर्फ पांडुरंग।'

पादरी को किराये पर घर मिला। पांडुरंग को एक सच्चा मित्र। अब दोनों पड़ोसी बने हैं और समाज में तिरस्कृत भी हैं इसलिए बहुत जल्द ही दोनों में मित्रता बढ़ गई। पांडुरंग के स्वभाव में अब थोड़ा सा परिवर्तन होने लगा है। पांडुरंग विठ्ठल की पूजा नित्य दिन करने वाला वारकरी महाराज अब कभी कभार ही पूजा में रुचि रखने लगा है। इसे ज्ञात होने लगा है कि -"भगवान अगर होता तो मुझे क्यों समाज में अपमानित होना पड़ रहा है। मैं तो दिन-रात उसका नाम स्मरण करता हूँ।" आदि विचारों से अवगत होने के पश्चात् पांडुरंग महाराज, सनातनी विचारों, से दूर होने लगे हैं। परन्तु इनकी पत्नी अनुसया इन विचारों को त्यागने के लिए तैयार नहीं है। तीन लड़कियाँ और एक लड़के के साथ वह हिरेकेरूर में ही मजदूरी करके अपनी उपजीविका चला रही है। पांडुरंग महाराज अब सब कुछ छोड़कर पादरी के साथ अनेक गाँवों का भ्रमण करने में व्यस्त हो गए। इसके जीवन से अब पूर्णरूपेण सनातनी विचारों का नाश हुआ है। वह जहाँ कहीं जाते थे, वहाँ पर बड़ी इज्जत मिलती थी। इस विषय से प्रभावित होकर, महाराज अब पोंगापंथी विचारों से दूर हुए हैं। पत्नी को इनके व्यवहार से असंतोष था। पांडुरंग पत्नी से कहता है -"जिस धर्म

मे हमें कुत्ते बल्ली से भी हीन समझ रखा है, जिन्होंने हमें जीवन में अनेक बार अपमानित किया है। हमारे साथ अब भी गुलामों सा व्यवहार किया जाता है। ऐसे धर्म को आज मैं त्याग रहा हूँ। मैं एक स्वतंत्र मानव बनने जा रहा हूँ। मुझे ऐसा धर्म चाहिए जिसमें मानव को मानव सा समझ सके। जिसमें प्रेम विश्वास का आदान-प्रदान हो। ऐसा धर्म मुझे मिला है, जिसमें मानव धर्म की दिव्यदृष्टि गोचर होती है। तुझे पति के साथ रहना है, तो मेरे साथ इस धर्म को अपना, नहीं तो मैं तुझसे बहुत दूर चला जाऊँगा'' ऐसा कहकर पांडुरंग अपनी पत्नी को छोड़कर पादरी के साथ चला गया।

जब कभी यह अपनी पत्नी और बच्चों को देखने के लिए गाँव आया करता है, इसके शूट-बूट वाली पोशाक को देखकर तथा इसके संस्कार को देखकर, पटवारी तथा मालिपाटील भी इसे साहब कहकर संबोधित करने लगे हैं। अनुसया तथा बच्चों का फटा हाल देखकर पीटर (पांडुरंग) अनुसया को कुछ रुपये देकर कहता है -''हमारी भलाई के लिए सामाजिक नियम बनाये जाते हैं। हम नियमों के लिए नहीं हैं, बल्कि नियम हमारे लिए होते है। मनुष्य सदा अंधेरे से उजाले की ओर आने का प्रयत्न करता है। परन्तु यहाँ पर तो दलित एवं पिछड़े जाति को शाश्वत् रूप से अंधेरे में ही रखने की साजिश बनाई जा रही है। इस सनातनी परंपरा में दलितों को ऊपर उठाने की बात तो करते हैं, परन्तु और इतना गहराई में धुसाड़ देते हैं कि यह कभी जीवन में उन्नती ही न कर पायें। आज सवर्ण, शिक्षित, सामाजसेवक, तथा राजकारणी ही जातिवाद और छुआछूत, को अपना रहे हैं। फिर भला कैसे इस संस्कृति को अपनाने से हमारा भविष्य बनेगा ? इसलिए अनुसया तुझे कहता हूँ, अभी तेरे पास सोचने के लिए समय है। जितना जल्दी हो सके, इस हीन नरक से बाहर आने का प्रयत्न कर, वर्ना वे हमें वंश-परंपरा की कहानी सुनाकर केस मुंडवाते रहेंगे।'' इतना कहकर पीटर चला गया परन्तु अनुसया अपनी ही चिंता में डूबी रही कि क्या करें ?

मामा की साईकिल

"अरे, अरे, ओ हो हो हो, रोको ! बच्चा गाड़ी के नीचे आ जाएगा, रोको, रोको ट्रक रोको" - कहते हुए स्कूटर को स्टैण्ड लगाकर सड़क के किनारे खड़ा किया और दोनों हाथ उठाए, ट्रक के सामने जाकर खड़ा हो गया। ड्रायवर जोर से ब्रेक लगाकर गाड़ी को काबू में ले लिया और घबराकर नीचे उतरकर कहने लगा - "क्यो भाई, दिखने में तो पढ़े -लिखे लगते हो, फिर अनपढ़ जैसा गड्डी के सामने आ रहे हो, कहीं टक्कर-वक्कर हो जाती तो, जेल में मुझे चक्की पीसना पड़ता था। तुम अपने घर में आराम से रहोगे और मेरी बीवी - बच्चे रास्ते पर आ गए होते।"

अपने आप को संभालते हुए मंजुनाथ कहने लगा - "देखिए ड्रायवर साहब, आपकी भाषा से तो समझदार लगते हैं, मेरा उद्देशपूर्वक आपकी गाड़ी के नीचे गिरकर मरने का इरादा नहीं है। उधर देखो, इस मासूम को बचाने के लिए आपको तखलीप देना पड़ा। यह बालक आपके गाड़ी के पहियों में चपटा हो जाता था, इसे बचाने के लिए आपको दुःख दिया है।" बच्चे की ओर देखकर ड्रायवर ने दातों तले उंगली दबा लिया। आश्चर्य से आँखे खुली की खुली रह गईं, हृदय भाव बहने लगे, सोचने लगा -

"कही मेरा बेटा गोविंद सिंह ही होता तो, अरे बाप रे!" कहकर कांपने लगा। डर के मारे रौंगटे खड़े हो गए। मंजुनाथ के हाथ पकड़कर माथे से लगाने लगा। लोगों की भीड़ जम गई। चार बरस के बालक के हाथ में छोटे बच्चों की तीन पहियो वाली साईकिल का फ्रेम था। हैंडिल को दोनों मुठ्ठियों में कसकर खींचते हुए, सड़क के एक छोर से दूसरी छोर की ओर जा रहा था। मुख मलिन, मटमैला शर्ट पहना था। निक्कर का नाम नहीं, दिगंबर जी मस्त -मौला बनकर, अपनी ही मदहोश चाल में, अपने लोक में, अपनी साईकिल का आनंद लेते हुए, सड़क पार कर रहा था। इसे दुनिया की कोई वस्तु दिखाई नहीं दे रही थी। अपने आप में तल्लीन होकर अपनी साईकिल के फ्रेम को खींचते हुए आगे बढ़ रहा था।

ब्रेक लगने से ट्रक के पहिए जमीन पर घिसने लगे थे। कई फीट जमीन उखड़ गई थी। धूल उड़ने लगी थी। चरर् सी आवाज सुनकर बालक घबराकर रोने लगा था। मंजुनाथ ने उस बालक को सड़क के उस पार छोड़ दिया। लोगों ने ड्रायवर को घेर लिया। भीड़ जम गई। कोई कह रहा था- ''ड्रायवर क्या अंधा हो गया है ? थोड़ा भी फरक पड़ता तो बच्चा मर जाता था।'' कोई कहने लगा - ''मारो साले को, अरे सरदार जी, बहुत मस्ती आयी है, देखकर नहीं चला सकता।'' कहकर किसी ने उसका गिरेबान पकड़ लिया।

समझदार लोग कहने लगे -'' अरे बेचारे की क्या गलती है, ट्रक संभालकर ही तो बच्चे को बचाया है। बच्चों को इस तरह सड़क पर नहीं छोड़ना चाहिए। बच्चे के माता-पिता को समझना चाहिए। देखते रहना चाहिए, लावारिश जैसा बच्चा सड़क पर घूमे और इसे लेकर दूसरे परेशान हो जाए। छोड़ो ड्रायवर को।'' - कहते हुए पकड़ा हुआ गिरेबान छुड़ा दिया।

वहाँ पर इस तरह अनेक बातें होने लगी थीं। मामला रफा-दफा हो गया। गाड़ी चली गई। लोग भी अपनी राह हो लिए। परन्तु मंजुनाथ की दृष्टि उस छोटे बालक को ढूंढ़ रही थी। दो-तीन घर के आँगन में नजर डाली, बच्चा कहीं नहीं था। मंजुनाथ मन में ही सोचने लगा - ''बच्चे का पता लगाकर, एक नई साईकिल दिलाना चाहिए।'' यह तमन्ना उसके मन में घर कर गई और वह गाड़ी निकालकर चला गया। चार दिन के बाद उस बालक के लिए साईकिल रिक्शा खरिदते समय आँखों में आँसू छलक आए।

मन अतीत की ओर दौड़ने लगा, पुरानी यादें हरी होने लगीं। मामाजी साईकिल दिलाने वाले थे, सो बात मन ध्यान को वीरान करने लगी। आँखों के सामने वही नजारा - जो माँ के साथ गुजारा था, मामा की बातें सुनी थी। वही बातें फिर से आज अपने जादू का कमाल मंजुनाथ के मन और मस्तिस्क पर कर रही थीं। दुःख की लहरें हृदय पटल पर छा गई, आँखों में आँसू आ गए। दो बूंदों की श्रद्धांजली मामा के शहीद होने पर समर्पित करते हुए, मंजुनाथ बचपन की यादों में बच्चा बनकर खो गया।

बालक मंजुनाथ की माँ विधवा होकर दो साल हो गये थे। घर की हालत काफी सोचनीय बन गई थी, फिर भी माँ मन में बड़े-बड़े सपने संजोये रहती थी, अपने लाड़ले के भविष्य को लेकर। आज किसी का भविष्य बनाना है, तो लक्ष्मी मुस्कुराते रहनी चाहिए, वर्ना जीवन हथेली पर आ जाता है। इन बातों से माँ बखूबी वाकिफ थी। अकेला बेटा होने के नाते, बड़े लाड़ प्यार से पालने की इच्छा माँ के मन में जागते रहती थी, परन्तु सपना कभी साकार नहीं हो सका। चौका, बर्तन करके परिवार का

गुजारा करने वाली माँ, आधुनिक जमाने की शौकीन वस्तुओं को देखकर तिल-तिल कटा करती थी। बेटा कुछ मांगता तो नहीं, में टालने वाली माँ का हृदय दुख से विदरित हो जाता था।

मायके में भाई अकेला कमाने वाला था। सेना में होने के कारण कभी जबलपुर तो कभी दिल्ली, कोच्चीन आदि शहरों में तबादला होते रहता था। संयुक्त परिवार होने के कारण खर्च काफी बड़ा था। वेतन पर निर्भर सिपाही को अपनी विधवा बहन का खर्च चलाने में दिक्कत होने लगी थी। फिर भी 'फूल नहीं तो फूल की पंखुड़ी' देकर बहन को धैर्य से रहने की सात्वना देता था। हर महिने मनिऑर्डर भेजते समय कुशल-मंगल की चिट्टी भी बिना भूले लिखा करता था । बहन थोड़ा पढ़ी थी, सो चिट्ठी पढ़ना-लिखना जानती थी। वह भी भाई के पत्र का प्रतिउत्तर लिखा करती थी।

एक दिन पत्र लिखते समय बालक माँ से पूछने लगा - "माँ चिट्ठी में क्या लिखती हो ? यह मामा तक कैसे पहुँच जाती है ? तुम तो बताती है कि मामा बहुत दूर रहता है। फिर यह चिट्टी उतनी दूर चलकर जाती है ? इसके तो पैर भी नहीं हैं। अहाँ हहाँ हहाँ।" कहकर बालक ने हंसते हुए माँ का आँचल मुँह में पकड़ लिया। बच्चे की हंसी ने माँ को उत्तर देने के लिए मजबूर कर दिया। क्या करती बेचारी, उतनी अकलमंद थी नहीं, सो बच्चे को सटीक उत्तर नहीं दे पाई। चिट्ठी को लाल डिब्बे में डालने के लिए बेटे को भी साथ ले चली। डिब्बे के पास पहुँचकर उसकी ओर संकेत करते हुए समझाने लगी - "देखो बेटा इस डिब्बे में चिट्टी डाल देना, कल इसे डाकिया आकर निकाल लेगा और गाड़ी में डालकर मामा तक पहुँचा देगा। मामा इसे पढ़कर हमारे खर्चे के लिए रुपये भेजेंगे और तुम्हारे लिए छोटी सी साईकिल रिक्शा भी लाएँगे।" कहकर बेटे को उठाकर गाल चूम लिया, फिर घर की ओर वापस आने लगी।

पत्र पढ़कर मामा ने अपने भांजे की आशा पूरी करने का वादा पत्र में लिख दिया। माँ पत्र पढ़कर खुश होकर, सोचने लगी - "बेटे का बरसों का सपना अब साकार होने जा रहा है।" यही बात बेटे को सुनायी तो मंजुनाथ का मनमयूर खुशियों से नाचने लगा।

दूसरा पत्र लिखते समय बेटा, माँ के सामने ही बैठा था, सो माँ को अपना सपना साकार करने के बारे में चिट्टी में लिखने के लिए कह दिया। बेटे की उत्साहित भावभंगिमा को देखकर, माँ कहने लगी - "बेटा मैं तो हर पत्र में तेरे मन की बात मामा तक पहुँचाती रहती हूँ। मामा ने पत्र में लिखा है कि वे धारवाड़ आने पर दिला देंगे।" माँ का आश्वासन सुनकर बेटा मामा के आने की प्रतिक्षा में दिन गिनने लगा।

दिन बने महिने, महिने बने साल, परन्तु मामा का कोई पता नहीं।

एक दिन किसी काम से माँ बेटा दोनों बाजार आए थे। घूमते समय साईकिल दुकान पर छोटी-छोटी साईकिलें लटकी देखकर, बेटा बोला - "माँ कितने दिन हो गए, अभी तक मामा क्यों नहीं आ रहे हैं ?" यह सुनकर माँ की आँखें भर आयीं। बच्चे को नहीं बताया गया था कि मामा...। बेटा अब थोड़ा समझदार हो गया है, बताई हुई बातें समझने लगा था। सो बेटे को नजदीक लेकर, सिर पर हाथ फेरते हुए छायादार वृक्ष के नीचे बैठकर कहने लगी -

"1962 की बात है, कश्मीर की सरहद पर तैनात, युद्ध के लिए तैयार सेना, हथियारबन्द होकर, चीन के हमले का जवाब देने के लिए, बड़ी सतर्कता से भयानक जंगल से गुजर रही थी। उसी सेना में मामा भी था। बर्फीली हवा सेना के शरीर को दबोच रही थी, लग रहा था कि ठंड के मारे कहीं सांस न रुक जाए। फिर भी सेना रुकी नहीं। हमारी सेना, समस्याओं की परवाह किए बिना ही, कदम-से-कदम मिलाते हुए अपने लक्ष्य की ओर बढ़ रही थी। सिंधु नदी का पुल पार करना था। मामा टेंकर के तोप में गोले भर रहा था। दना-दन तोपे उड़ाई जा रही थीं। दुश्मनों के इलाके तहस-नहस हो रहे थे। आकाश में चीन का हैलिकॉप्टर मौत का साया बनकर मंडरा रहा था। मामा के टैंकर ने उसे निशाना बनाया और गिरा दिया। जैसे ही वह हैलिकॉप्टर गोली का शिकार होकर धराशायी हो गया, तो उसके ऊपर और एक हैलिकॉप्टर था। सो उसने इनके टैंकर पर बम फैंक दिया। टैंकर चूर-चूर हो गया। आजू बाजू की सेना त्राही-त्राही करने लगी। मामा का कहीं पता नहीं। भारतीय सेना ने अपने बचाव के साथ, उस दूसरे हैलिकॉप्टर को भी निशाना बनाकर मार गिराया।

कहते हैं, नसीब वाला हो तो भयानक से भयानक समस्याओं से बच निकलता है। धरती पर जिसका दाना-पानी खतम होता है, वही मरता है। अगर मातृभूमि की सेवा करने का, किसी के जीवन में बाकी है, तो वह किसी कीमत पर भी नहीं बिछड़ता। सो मामा के जीवन में भी ऐसा ही हुआ। टैंकर नदी का पुल पार कर रहा था। उपर से बम का गोला अपनी ओर आते हुए मामा ने देख लिया था। खुद् को बचाते हुए मामा ने नदी में छलांग लगा दी। पुल टूट गया। अभी काफी सेना नदी पार जाने वाली थी। समय बहुत कम था। सभी के दिलों की धड़कने बड़ने लगी, चिंता सताने लगी। सिपाही सोचने लगे - " भारतीय सेना हमला बोलने के लिए अगर सही समय पर नहीं पहुँचेगी, तो फिर हार का मुँह देखना पड़ेगा।"

ऐसा सोचते हुए कुछ करने की बातें हो रही थी, कि शेर की आवाज सी गर्जना सुनाई दी। "चलो साथियों, भारत माता के वीर सपूतों, हो जाओ तैयार। मातृभूमि पर शीश चढ़ाने की आज हमारी बारी है। सीना तान आगे बढ़कर हमारी सामग्री नदी

पार लगानी है। वंदे मातरम्, वंदे मातरम्।'' की आवाज क्षण में आकाश तक पहुँच गयी। बादलों की गड़-गड़ाहट भी सुनाई देने लगी। सूने वीरान वातावरण में मामा की पलटन वाली सेना ने अपना सीना बिछाकर पुल बनाया और सारी सेना को नदी पार भेज दिया। पुल बनाये सैनिकों में कई कुचल गए। किसी के आँखों के गोले बाहर आये थे। किसी के मुख से खून गिर रहा था। ऐसे कुछेक प्राणों की बाजी लगाकर अपना जीवन धन्य समझ रहे थे। वीर जवान खून से लथ-पथ, मरते समय भी मातृभूमि को शत्-शत् नमन कर रहे थे।